Sé una *mujer* extraordinaria

Vive el sueño que Dios ha preparado para ti

JULIE CLINTON
con MARY M. BYERS

PORTAVOZ

La misión de *Editorial Portavoz* consiste en proporcionar productos de calidad —con integridad y excelencia—, desde una perspectiva bíblica y confiable, que animen a las personas a conocer y servir a Jesucristo.

Título del original: *Extraordinary Women* © 2007 por Julie Clinton y publicado por Harvest House Publishers, Eugene, Oregon 97402. Traducido con permiso.

Edición en castellano: *Sé una mujer extraordinaria* © 2010 por Editorial Portavoz, filial de Kregel Publications, Grand Rapids, Michigan 49501. Todos los derechos reservados.

Traducción: Rosa Pugliese

Ninguna parte de esta publicación podrá reproducirse de cualquier forma sin permiso escrito previo de los editores, con la excepción de citas breves en revistas o reseñas.

A menos que se indique lo contrario, todas las citas bíblicas han sido tomadas de la versión Reina-Valera © 1960 Sociedades Bíblicas en América Latina; © renovado 1988 Sociedades Bíblicas Unidas. Utilizado con permiso. Reina-Valera 1960™ es una marca registrada de la American Bible Society, y puede ser usada solamente bajo licencia.

EDITORIAL PORTAVOZ
P.O. Box 2607
Grand Rapids, Michigan 49501 USA

Visítenos en: www.portavoz.com

ISBN 978-0-8254-1211-0

2 3 4 5 / 14 13 12

Impreso en los Estados Unidos de América
Printed in the United States of America

*A las mujeres que tienen hambre de Dios
y se atreven a ser intrépidas en su fe,
y a la tierna memoria de mi padre
Clayton Ray Rothmann
(1938-2000).*

Reconocimientos

Desde que era niña, siempre quise escribir mis pensamientos y plasmar mi corazón en palabras. Pero ¡no tenía idea de la clase de esfuerzo que demandaría escribir un libro como este! ¡Dios ha sido muy bueno conmigo! Me ha dado una familia piadosa y maravillosa desde que era niña, incluso me dio un padre amoroso que dejó esta tierra para ir al cielo demasiado pronto. Te extraño, papá, y valoro tu amor y las lecciones de vida que me enseñaste.

Quiero agradecer a mi Padre celestial por traer a mi vida las personas, los recursos y la oportunidad de llevar a cabo esta obra, la cual dedico a Él para su gloria.

Un agradecimiento especial a *Harvest House Publishers* por su apoyo y aliento; principalmente a Terry Glaspey y Carolyn McCready por creer en mí y en este libro.

Gracias a Mary Byers por cooperar conmigo y ayudarme diligentemente a escribir este libro. ¡Me encanta tu interés y pasión por las mujeres!

Asimismo, quiero agradecer especialmente al Dr. Joshua Straub por las largas horas de investigación, escritura y edición.

A Tom Winters y su asistente, Debbie Boyd, un enorme agradecimiento por haberme hecho conocer el maravilloso mundo de la edición.

Gracias a las mujeres que llenaron estas páginas con las historias sinceras de su amor por la vida.

Al equipo de *Extraordinary Women* [Mujeres extraordinarias], Dios está despertando corazones de mujeres que hagan su buena obra por todos los Estados Unidos. ¡Lo mejor está por venir!

Gracias a mi madre, que ora fielmente por mí y me ha enseñado las Sagradas Escrituras desde que era niña.

Y a mi amado esposo Tim y a nuestros dos hijos, Megan y Zach; ustedes llenan de gozo mi vida.

Contenido

Prólogo 6

Introducción 9

1. Secretos para vivir el sueño que Dios ha preparado para ti..... 13

2. Secretos para saber que Dios te ama realmente 39

3. Secretos para desarrollar relaciones significativas............ 63

4. Secretos para manejar la testosterona.................... 87

5. Secretos para dominar tus emociones 113

6. Secretos para manejar el desequilibrio 137

7. Secretos para superar los tiempos difíciles 157

8. Secretos para encontrar la libertad...................... 181

9. Secretos para fomentar una relación íntima con Dios 205

10. Secretos para hacer que cada día sea importante 227

Conclusión 248

Notas... 249

Prólogo

Conocí por primera vez a Julie Clinton en una conferencia de *Extraordinary Women*. Su pasión por Dios y su profundo deseo de mostrarles a las mujeres una perspectiva eterna hizo que instantáneamente mi corazón y el de ella quedaran ligados. Ella es una mujer de extraordinaria influencia para la gloria de Dios. Sé que su autenticidad espiritual, su conocimiento de la Palabra de Dios y el sentido común en sus aplicaciones prácticas presentadas en este libro te proporcionarán a ti y a miles de otras mujeres las lecciones de vida y los "cómo" que todas anhelamos conocer a fin de ser mujeres cristianas más eficientes.

Cuando era adolescente, le dije a Dios que quería vivir por cosas que valieran la pena. Quería llegar al final de mi vida y saber que había vivido con propósito, convicción y un corazón determinado a seguir su llamado, sin importar a dónde me llevara. En ese momento, pensaba que mi compromiso podría tener relación con las misiones en el extranjero o tal vez con la enseñanza a estudiantes altamente motivados. No sabía que este camino me llevaría a escribir libros y hablar en conferencias para mujeres. Al seguir su llamado, aprendí que la vida no siempre es idílica, tranquila y sin problemas. Este libro te enseña cómo ser una mujer extraordinaria incluso cuando las circunstancias son menos que ideales.

A medida que leas, aprenderás cómo la persona sobrenatural de Cristo nos da la capacidad de ver con una perspectiva diferente, y cómo percibir el propósito y el sentido en medio de nuestras experiencias de la vida diaria que son imperfectas y decepcionantes. Julie ha descubierto los secretos para alcanzar el ideal que Dios tiene en mente para ti. Puede que este ideal no se parezca a aquel que una vez anotaste en un gráfico de objetivos con pequeños pasos cuidadosamente desarrollados para llegar a una visión general. El verdadero secreto de este ideal es que Dios te ve con tus defectos y todo lo demás, y aun así dice: "Porque yo sé los pensamientos que tengo acerca de vosotros, dice Jehová, pensamientos de paz, y no de mal, para daros el fin que esperáis" (Jer. 29:11).

Pensar en ti como una mujer extraordinaria podría parecerte arrogante, pero es así como Dios te ha diseñado. Tú eres una mujer sin igual con una personalidad distinta, dones únicos y el potencial de dejar en este mundo una huella que sea diferente a cualquier otra. Dios te ama con amor eterno, y Él nunca se apartará de ti. A diferencia de muchas personas que conoces, Él te ofrece un amor que es dulce, puro, resistente al rechazo y lento para la ira.

Las mujeres extraordinarias tienen muchas cosas en común. Ven el mundo de una manera diferente. En vez de ver los obstáculos, visualizan la línea de llegada. Reemplazan el negativismo con optimismo. Reconocen por instinto que los problemas tienen solución y que las personas difíciles raras veces "quieren venganza", sino que simplemente están lidiando con sus propios problemas. Las mujeres extraordinarias saben cómo soñar más allá de las circunstancias que retan sus vidas en el presente, y creen que Dios tiene un plan para ellas que sobrepasa el cuadro hipotético más excelente que pudieran haber imaginado.

El libro está exclusivamente diseñado para enseñarte a aceptar el amor de Dios, descubrir su propósito para tu vida, desarrollar relaciones significativas, entender a los hombres, superar los tiempos difíciles y vivir con pasión, equilibrio, propósito y gozo. La asombrosa verdad es que las mujeres extraordinarias no necesariamente viven una vida fácil, sin complicaciones, previsible y sin problemas económicos; sino que responden de una manera extraordinaria cuando la vida les depara circunstancias excepcionalmente difíciles. (Aprenderás de mi propio reto en este sentido cuando leas mi historia, que comienza en la página 168).

Este libro te ofrece la oportunidad de escribir tus propios pensamientos, meditar en la verdad bíblica, dialogar con Dios y con otros, y tomar nuevas decisiones acerca de cómo vivir por cosas que valgan la pena. A medida que crezcas en tu fe, descubrirás cómo alcanzar el ideal de Dios para ti.

Las mujeres extraordinarias van más allá de lo usual, común o acostumbrado. Como mujeres cristianas, tenemos el "verdadero" secreto: el poder sobrenatural de Dios que invade nuestra vida con sus anhelos. En el proceso de amar y buscar a Dios, obtenemos equilibrio, visión y todo lo que necesitamos para cumplir su llamado en nuestra vida. Espero que alientes a otras mujeres a vivir la experiencia de este libro para que, junto a ti, aprendan a ser mujeres extraordinarias de Dios.

Carol Kent, autora de
When I Lay My Isaac Down
[Cuando ofrezco mi Isaac] (NavPress)
y *La nueva normalidad* (Editorial Vida)

Introducción

"¿Por qué nos empeñamos en adaptarnos cuando Dios nos creó para destacarnos?"

El año pasado eligieron a mi hija de diecisiete años, Megan, para ser una de las cinco candidatas del festival de invierno que se lleva a cabo en el gimnasio de su escuela. El festival de invierno es similar al festival de bienvenida, excepto que en este se elige a cinco alumnos del penúltimo año del ciclo secundario y se los corona en el medio tiempo de un partido de básquet, en vez de un partido de fútbol americano. El día antes de la coronación, cada candidato pronuncia un discurso estimulante para el cuerpo estudiantil. La noche anterior, mientras Megan y yo estábamos cómodamente sentadas en el sillón preparando su discurso, abordamos el tema del sueño de Dios para nuestra vida. Hablamos de sus planes frente a nuestros deseos y de su amor frente a nuestros errores. Mientras seguíamos hablando de Él, la vida, la escuela y los muchachos, Megan hizo una pausa. Me miró a los ojos y me hizo la pregunta formulada arriba.

En casa, aquella fría noche de enero, mi hija me presentó un reto. Y al pensar en la pregunta, me di cuenta de que no se trata de atraer la atención hacia nosotros y lo que hacemos; sino de atraer la atención hacia Dios y glorificar su nombre. Aun Jesús dijo: "Pero yo no busco mi gloria; hay quien la busca, y juzga" (Jn. 8:50).

Al leer las páginas de este libro, comprende y recuerda constantemente esta verdad: Dios ama a sus hijas. Es decir, Dios *te* ama. Y Él tiene como objetivo hacer de *ti* una mujer extraordinaria.

¿Cómo lo sé? Previo a su muerte y resurrección, Jesús les prometió a sus discípulos que les enviaría el Espíritu Santo.

> "Si me amáis, guardad mis mandamientos. Y yo rogaré al Padre, y os dará otro Consolador, para que esté con vosotros para siempre: el Espíritu de verdad, al cual el mundo no puede recibir, porque no le ve, ni le conoce; pero vosotros le conocéis, porque mora con vosotros, y estará en vosotros" (Jn. 14:15-17).

La promesa que Jesús les hizo a sus discípulos hace tanto tiempo sigue siendo relevante para sus discípulos hoy. El Amigo, Consejero y Consolador que Jesús prometió enviar reside en ti en este preciso instante. Este Espíritu de verdad es el mismo Espíritu que permite que mujeres ordinarias —como tú y yo— lleguemos a ser extraordinarias.

En este libro, leerás acerca de mujeres que tuvieron encuentros extraordinarios con Cristo. Conocerás mujeres comunes y corrientes que usan su pasión y sus habilidades para ejercer una influencia inimaginable en el mundo. Aprenderás acerca de mujeres comunes que permiten que Dios las use en medio de sus circunstancias adversas. Y lo más importante, llegarás a preguntarte cómo puedes colaborar activamente con el Espíritu Santo a fin de lograr tu propia transformación personal para llegar a ser una mujer extraordinaria.

Parte de lo que leas puede llegar a ser inquietante. Otra parte podría hacer que te cuestiones tus propias motivaciones y decisiones. Esto es intencional. Quiero que la lectura de este libro te presente un reto. Sé que quieres dar lo mejor de ti para tu familia, tu iglesia, tu comunidad y Dios. Pero puede que a veces tengas que escudriñar más detenidamente tu vida y decidir qué necesitas cambiar y cómo.

La vida supone un proceso de cambio. Es un proceso que yo he atravesado, estoy atravesando y seguiré atravesando por el resto de mi vida. Te daré a conocer parte de mi travesía en este sentido, mientras estudiamos juntas las páginas de este libro.

Además de aprender acerca del poder del Espíritu Santo que reside en ti, aprenderás los secretos de las mujeres extraordinarias. Según la definición de mi diccionario, *secreto* es "lo que no se puede comprender; lo misterioso; lo que se tiene reservado y oculto". Sin embargo, con la ayuda del Espíritu Santo creo que podemos descubrir estos secretos y, por consiguiente, hacer uso de su poder.

He dividido este libro en un estudio de diez semanas. Cada capítulo tiene como fin abarcar una semana, con cinco lecturas diarias que revelan un secreto cada una. Escudriña la sección de "Vive el sueño" que está al final de cada lectura, la cual resume lo que saben, hacen y practican las mujeres extraordinarias. También encontrarás "Preguntas para la reflexión" que te ayudarán a iniciar el hábito de escribir un diario personal a fin de que aprendas más acerca de ti misma y de lo que necesitas hacer personalmente para incluir lo extraordinario a tu vida.

Las lecturas diarias son breves para que puedas adaptarlas a tu ocupada agenda. Pero no te preocupes ni te turbes si te atrasas. Nuestro tiempo juntas no tiene que ser una obligación o una cosa más para agregar a tu lista de cosas para hacer. Antes bien, espero que tu tiempo de lectura te proporcione el aliento y el refrigerio que necesitas cada día para cumplir con todas las responsabilidades que conllevan ser una mujer extraordinaria en la sociedad despiadada de hoy.

Este libro tiene como fin acercarte más a Dios, a aquellos que más amas y finalmente al poder extraordinario del Espíritu Santo. Espero que tu caminar con el Señor y tus relaciones con aquellos que amas se intensifiquen con cada página. De esta manera, estarás avanzando en tu camino hasta llegar a vivir la vida extraordinaria que Dios ha preparado para ti. ¡Es tiempo de destacarte!

Bendiciones,
Julie Clinton

Semana 1

Secretos para vivir el sueño que Dios ha preparado para ti

Sueños… todas las niñas crecen con sueños especiales, como convertirse en una princesa, Cenicienta o la Bella durmiente. Queremos que nos persigan; que nos rescaten; que nos deseen. Las niñas a menudo juegan a ser grandes y sueñan con encontrar a alguien que las ame y las colme de besos, que les diga cuán hermosas son. O sueñan con llegar a ser una madre especial con niños pequeños que cuando crezcan cambien el mundo.

Las mujeres queremos ser especiales para alguien. Por eso me encanta Jeremías 29:11: "Porque yo sé los pensamientos que tengo acerca de vosotros, dice Jehová, pensamientos de paz, y no de mal, para daros el fin que esperáis". El Dador de sueños tiene un sueño identificado con *tu* nombre. Siempre tiene sueños. Él ha estado soñando *contigo* desde antes que nacieras. Y puesto que te ama con "amor eterno" (Jer. 31:3), ¡su sueño para ti es más grande y mucho mejor que el que tú tienes! Él quiere usarte para su gloria.

Lo trágico es que nuestros sueños a menudo se esfuman por causa de la vida y de otras personas. De hecho, las encuestas muestran que el 80% de las personas no está viviendo sus sueños.

No es un secreto que Dios tiene un plan para tu vida, pero los detalles de su plan y la manera que has de vivirlo podrían ser un secreto para ti. Puede que el plan de Dios parezca un misterio, pero Él no quiere que sea así. De hecho, quiere que descubras cuál es el sueño que ha preparado para ti y que lo vivas plena y abundantemente.

Este capítulo tiene el objetivo de cautivarte con la posibilidad de vivir el sueño que Dios ha preparado para ti, ayudarte a entender por qué es importante para Él que lo vivas, asegurarte que el Señor te puede usar dondequiera que estés en este momento y animarte a visualizar tu punto fuerte en lo que se refiere a hacer la obra del reino.

Día 1

La vida es mucho más que simplemente subsistir

*Sueña como si vivieras para siempre;
vive como si murieras hoy.*
James Dean

¿Tan solo vas a vivir? ¿O vas a vivir tus sueños? Estas son preguntas que cada mujer debe preguntarse y responderse en algún momento de su vida. Si no te has formulado estas preguntas, este es el momento. Tu manera de responder determinará cómo será el resto de tu vida, a partir de hoy.

La diferencia entre tan solo vivir y vivir tus sueños es más grande de lo que puedas llegar a imaginar. La persona que tan solo vive tiene conductas como las siguientes:

- Hace las cosas por inercia, sin pensar o preocuparse mucho por el futuro.
- Pasa el día sin prestar atención a cómo invierte su precioso tiempo.
- Culmina con pesadez cada semana y cada mes sin nada de gozo o paz.
- Ignora las áreas de su vida que le causan dolor.
- Supone que en realidad no depende de ella cambiar su vida o su respuesta ante la vida.

La persona que vive sus sueños actúa mucho más intencionalmente:

- Se toma tiempo para identificar lo que Dios quiere que haga y luego hace planes para hacerlo.
- Programa su tiempo de modo que pueda suplir sus necesidades así como las necesidades de los que la rodean.
- Acepta el gozo y la paz que ofrece una relación con Cristo.
- Reconoce y aborda los asuntos que le causan dolor.
- Aprende cómo dejar que el Espíritu Santo obre en y a través de ella para que pueda vivir más abundantemente.

Cada día tengo la oportunidad de conocer, hablar y trabajar con mujeres excepcionales de toda condición social. Algunas están casadas, y otras no. Algunas son madres, y otras no. Algunas trabajan fuera del hogar, y otras son amas de casa. Algunas corren en maratones, y otras sufren alguna dolencia o enfermedad crónica. Algunas han conseguido todo lo que querían en la vida, y otras no. La mayoría encajan dentro de más de una de estas categorías. Pero todas han tomado la misma decisión: vivir la vida plena y abundante que Jesús quiere que vivan. Jesús dijo: "El ladrón no viene sino para hurtar y matar y destruir; yo he venido para que tengan vida, y para que la tengan en abundancia" (Jn. 10:10).

Algunas personas podrían decir que las circunstancias determinan si pueden vivir sus sueños, pero yo no estoy de acuerdo. He conocido mujeres que se han visto impedidas por las situaciones más difíciles, y sin embargo, se las ingeniaron para vivir una vida abundante. Joni Eareckson Tada es un gran ejemplo. Ella ha aprendido a vivir la vida al máximo a pesar del accidente que experimentó al zambullirse, el cual la dejó paralizada y totalmente confinada a una silla de ruedas. Y he conocido mujeres que lo tienen todo, y sin embargo, viven una vida insignificante e infeliz. La diferencia no está en las circunstancias. La diferencia está en la actitud. Y la única diferencia entre una actitud positiva y una actitud negativa es la decisión de elegir una en lugar de la otra.

Las mujeres extraordinarias deciden que vivirán sus sueños y se aferrarán a estos, a pesar de sus circunstancias. En las próximas semanas, verás que para vivir tus sueños, cada día tienes que tomar la decisión de hacerlo. No puedes tomar esta decisión una vez y para siempre. Cada día debes decidir; y luego, conscientemente, debes volver a tomar esta decisión cada vez que la vida te depare algo inesperado. Por eso creo que la vida plena *se vive en el momento de la decisión*. Déjame explicarte.

Las mujeres extraordinarias deciden que las contrariedades de la vida, ya sea el desempleo, la propuesta de matrimonio que nunca llega o el ascenso que nunca se alcanza, no apagarán su entusiasmo. Ellas deciden seguir dando cada día lo mejor de sí, en vez de amargarse.

Las mujeres extraordinarias deciden que la muerte, discapacidad o infidelidad de su esposo no harán que se rindan. Ellas deciden valientemente enfrentar sus circunstancias.

Las mujeres extraordinarias deciden que la enfermedad, las limitaciones físicas o emocionales, o la rebeldía o la tozudez de un hijo no sepultarán completamente su don de ser madre. Ellas deciden perseverar en amor y oración por cada uno de los hijos que se les ha confiado.

Las mujeres extraordinarias deciden que las limitaciones físicas o enfermedades no les robarán el gozo. Deciden encontrar el lado bueno (por pequeño que pueda ser) a las cosas malas.

Las mujeres extraordinarias deciden que el dinero o la falta de este no determinará su nivel de felicidad. Deciden que el dinero es simplemente un medio para un fin y no un fin en sí mismo.

Las mujeres extraordinarias deciden no obsesionarse por lo que no tienen. Reconocen lo que tienen y están agradecidas por ello.

Las mujeres extraordinarias deciden que no se dejarán abatir por las decisiones difíciles y trascendentales que tengan que tomar. Y oran para que el Espíritu Santo con su poder les ayude a tomar decisiones sabias.

En resumen, las mujeres extraordinarias *deciden*.

La vida se vive en el momento de la decisión. ¿Qué clase de decisiones has tomado últimamente? Más importante aún, ¿qué clase de decisiones necesitas tomar?

¿Necesitas romper con una mala relación? ¿Necesitas ponerle límites a tus amistades y familiares? ¿Necesitas comenzar hábitos nuevos o deshacerte de otros antiguos? ¿Necesitas cambiar de trabajo? ¿Tus hijos necesitan más (o menos) disciplina? ¿Se ha vuelto monótono tu matrimonio?

Puede que en este momento no puedas contestar estas preguntas. Pero espero que a medida que hagamos juntas esta travesía, puedas pensar en ellas. Al fin y al cabo, las preguntas que te hagas o te niegues a hacer, y las decisiones que tomes o te niegues a tomar, determinarán la calidad de tu vida.

La vida es más que simplemente subsistir. Las mujeres ordinarias subsisten. Las mujeres extraordinarias tienen una vida plena, como Jesús quiere. A medida que sigas leyendo, espero que puedas ver en qué aspectos tienes una vida plena y en qué aspectos no. También espero que los secretos que estudiemos te alienten a ver que *puedes* tener una vida plena y abundante, y no una vida que se caracterice por el vacío y la escasez.

Jesús vino para que tú también puedas ser una mujer extraordinaria. Sigue leyendo para saber cómo.

Vive el SUEÑO

Las mujeres extraordinarias deciden vivir sus sueños y aferrarse a estos a pesar de sus circunstancias.

Preguntas para LA REFLEXIÓN

- ¿Qué soñabas ser de grande cuando eras niña? ¿Se ha hecho realidad ese sueño en tu vida?
- ¿Qué obstáculos te impiden experimentar tus sueños?
- ¿Qué decisiones necesitas pedirle al Espíritu Santo que te ayude a tomar en los próximos días y semanas?

Día 2

Algo más grande

Sé fiel en las pequeñas cosas, pues allí reside tu fortaleza.
Madre Teresa

Las mujeres extraordinarias son fieles en las pequeñas cosas, y esto hace posible que Dios les confíe más cosas a medida que maduran y crecen en su fe.

Estoy segura de que la renombrada maestra de la Biblia, Beth Moore, no sabía lo que Dios tenía en mente para su vida cuando comenzó a dar clases de aeróbic cristiano hace años. Desde entonces, Dios la ha llamado a dejar su vestimenta deportiva y recorrer el mundo para enseñar su Palabra. De modo que ahora da clases en la escuela dominical a setecientos miembros de su iglesia y, los martes a la noche, dirige un estudio bíblico interdenominacional para las mujeres de su ciudad. Además ha escrito diversos libros y cursos de estudios bíblicos.

Allison Bottke nació y se crió en Cleveland. A los quince años se fue de su casa y se casó con un joven, cuyo abuso casi acaba con su vida. A los dieciséis años, ya se había divorciado y era madre. Su espíritu tenaz le permitió sobrevivir tres décadas de confusión y adicción antes de conocer al Señor. Ahora es la editora de la estimulante serie de libros de no ficción *God Allows U-Turns* [Un giro de ciento ochenta grados con Dios].

Heather Whitestone McCallum perdió su audición debido a un virus que contrajo a los dieciocho meses de vida. A pesar de su sordera total, estudió arduamente y se graduó de la escuela secundaria con notas excelentes. Debido a la difícil situación económica de su hogar, comenzó a participar en concursos a fin de ganar becas monetarias para la universidad. Participó tres veces en el concurso de Miss Alabama antes de ganar el título y dirigirse hacia Atlantic City para ser coronada Miss Estados Unidos. Fue la primera mujer discapacitada en lograr un título como este. Desde entonces, ha escrito dos libros y ha viajado mucho para testificar de la influencia de Jesús en su vida como la clave de su éxito.

¿Qué tal si el sueño de Dios para tu vida es más grande de lo que alguna vez pudiste haber imaginado?

Si supieras que Dios tiene para ti planes más grandes que los tuyos, ¿cambiarían las cosas en tu vida? ¿Te asustarías? ¿Te pondrías nerviosa? ¿Te entusiasmarías? ¿Te sentirías motivada? ¿Te relajarías de tal manera que te quedarías dormida?

Menos mal que Dios no nos revela todos sus planes de una vez, como si te tocara la lotería y alguien viniera a tu puerta con globos y flores y un gran cheque por un millón de dólares. La mayoría de nosotras se sentiría apabullada con algo así. En cambio, Dios nos toma suavemente de la mano y nos lleva, poco a poco, hacia el futuro que solo Él puede ver. Al hacernos avanzar lentamente, nos da el tiempo que necesitamos para madurar, para desarrollar las habilidades que nos faltan para la obra que Él ha preparado y para que nos acostumbremos a la idea de que todo lo que pasó en el pasado, en realidad, podría ser parte de su grandioso plan para nuestra vida.

Al revelarnos su plan poco a poco, Dios nos ayuda a hacernos a la idea de que este podría ser más grande de lo que alguna vez pudimos haber imaginado.

Cuando era niña en Montana, nunca soñé que el plan de Dios para mi vida sería que yo le sirviera de la manera que lo hago: como presidenta de *Extraordinary Women*, una asociación dedicada a acercar a las mujeres a Dios. (Visita la página en la Internet de *Extraordinary Women*, en www.ewomen.net). Estar frente a una audiencia siempre me ha intimidado, incluso hoy día. Pero he aprendido que el ideal de Dios para mi vida no coincide necesariamente con el mío. Todavía me asombro al pensar en la manera que Él bendice este ministerio y me fortalece para liderar el equipo de personas maravillosas que hace esto posible. ¡Sin lugar a dudas, el ideal de Dios para mi vida es más grande que el que yo tenía!

En cierto momento, pensé en ser abogada. Luego, quise ser doctora. Y terminé siendo maestra de matemáticas. Pero aquella fue la perfecta preparación para el siguiente paso de mi viaje. Llegué a ser la directora ejecutiva de *Liberty Godparent Home*, una casa para madres solteras. Como tal, estaba a cargo del presupuesto, el funcionamiento, la toma de decisiones, la administración de los fondos y otras responsabilidades. Además ayudaba a las muchachas a seleccionar padres adoptivos para el hijo que habían de tener. Aquello también me preparó para lo que estoy haciendo en este momento. Y creo que sea lo que sea que estés haciendo ahora es la preparación perfecta para el futuro que solo Dios puede ver.

Igual que yo, Beverly LaHaye, autora y presidenta de *Concerned Women for America*, no imaginaba lo que Dios tenía en mente para su vida. Ella nos cuenta: "Nunca podría haber soñado que como una niña común y corriente de una familia común y corriente, un día testificaría delante de la Comisión Judicial del Senado en apoyo a una candidatura para la Suprema Corte de Justicia. O que me reuniría en privado con los presidentes de tres países de América Central para hablar de un programa de ayuda para sus familias. O que podría ministrar en siete campos de refugiados diferentes a lo largo de un período de cinco años durante la guerra sandinista nicaragüense, donde los refugiados huían a Costa Rica en busca de seguridad".

En Mateo, Jesús relata la parábola de un amo que, al salir de viaje, les confía parte de sus bienes a tres criados. Cuando regresa, llama a sus criados para ver lo que hicieron con su dinero. Dos habían multiplicado el dinero; uno simplemente lo había escondido por temor a perderlo. El amo elogia a los dos que incrementaron el dinero y reprueba al otro. Las palabras de elogio del amo fueros las siguientes: "…Bien, buen siervo y fiel; sobre poco has sido fiel, sobre mucho te pondré…" (Mt. 25:21).

Beth Moore fue fiel mientras daba clases de aeróbic. Allison Bottke luchó por su propia recuperación antes de convertirse en la imagen de *U-turns*, el giro de ciento ochenta grados que puede cambiar una vida. A Heather Whitestone McCallum le tomó seis años pronunciar correctamente su apellido, y ahora puede presentarse como una hija del Rey.

Estas mujeres fueron fieles en las pequeñas cosas, y eso hizo que se les confiaran cosas más grandes.

El plan de Dios para tu vida es más grande del que alguna vez has imaginado. Pídele a Él que comience a revelarte hoy su plan para ti. Estoy segura de que te sorprenderás de lo que ha planeado. ¡Y sé que es mejor que cualquier cosa que hayas imaginado!

Vive el
SUEÑO

Sé fiel en las pequeñas cosas, y Dios te confiará más cosas a medida que madures y crezcas en tu fe.

Preguntas para
LA REFLEXIÓN

- ¿Estás haciendo lo que Dios te ha llamado a hacer en este momento? ¿Estás dando lo máximo de ti, o simplemente estás haciendo lo mínimo e indispensable?
- ¿De qué manera y en qué ámbitos de tu vida Dios te está llamando a ser fiel en este momento?
- Cuando comiences a creer que Dios ha preparado algo grande para tu vida, ¿cómo cambiará tu manera de vivir?

Día 3

Hermosa para Dios

El rey está cautivado por tu hermosura…
Salmos 45:11 (NVI)

Cuando era niña, mi padre siempre me decía que yo era un angelito para él. Era hermosa para él, y eso me hacía sentir especial. Y aunque falleció hace unos años, demasiado joven en esta vida, me sigo despertando a la noche y escucho su alentadora y compasiva voz. ¿Si lo extraño? Sí. ¿Lo echo de menos? Sí. ¿Me sigue alentando? Siempre. En mi espíritu y mi corazón.

Me ha llevado un tiempo entender cuánto me ama mi Padre celestial. Él me ama mucho más de lo que mi padre terrenal pudo haberme amado. Somos preciosas para Él.

Sé que a veces esto es difícil de creer, especialmente si no te sientes hermosa o no tuviste un padre que te dijera cuán hermosa eres realmente. Puede que estés pensando: *No hay nada especial en mí.*

Pero no estoy de acuerdo. Todo en ti es especial. Tu manera de ver a las personas que sufren a tu alrededor. Tu manera de reír. Tu compasión y ternura. A Dios le encanta tu manera de clamar a Él cuando estás orando de rodillas. Tu manera de pensar. Tu manera tierna de alentar a otras personas. O tu manera de escuchar a los que necesitan hablar. Tu manera de cocinar una cena casera o preparar una docena de galletitas sin mucho esfuerzo. Tu disposición a trabajar en la guardería infantil de tu iglesia cuando nadie quiere hacerlo. Tu talento para consolar al que llora. Tu valor para tomar decisiones difíciles frente a la adversidad.

Tú eres preciosa para Dios, porque Él te creó de una manera especial, con talentos incomparables y dones especiales. *Tú* has sido maravillosamente creada y singularmente agraciada. La Biblia es clara al respecto:

> "Porque tú formaste mis entrañas; me hiciste en el seno de mi madre. Te alabaré, porque asombrosa y maravillosamente he sido hecho; maravillosas son tus obras, y mi alma lo sabe muy bien. No estaba oculto de ti mi cuerpo, cuando en secreto fui formado, y entretejido en las profundidades de la tierra. Tus ojos vieron mi embrión, y en tu libro se escribieron todos los días que me fueron dados, cuando no existía ni uno solo de ellos" (Sal. 139:13-16, BLA).

> "De manera que, teniendo diferentes dones, según la gracia que nos es dada" (Ro. 12:6).

Piensa en estas palabras. *Asombrosa y maravillosamente he sido hecho… cuando en secreto fui formado, y entretejido en las profundidades de la tierra. Tus ojos vieron mi embrión, y en tu libro se escribieron todos los días que me fueron dados, cuando no existía ni uno solo de ellos… De manera que, [tenemos] diferentes dones, según la gracia que nos es dada.*

Tú eres hermosa para Dios. Tu Creador vio *tu* embrión antes que nacieras. Todos *tus* días se escribieron en el libro de Dios, incluso antes de tu primer día de vida. Esto quiere decir que Dios sabía cuáles serían tus puntos fuertes así como tus puntos débiles, aun antes que fueras un embrión. Él sabía qué talentos poseerías y en qué serías pésima antes que llegaras a tu primer trimestre de vida. Y Él sabía qué te entusiasmaría y qué te aburriría antes que dieras tu primer aliento de vida. En realidad, amiga, es Dios el que te dio las preferencias, las aversiones, los talentos, las habilidades y las pasiones que tienes en tu vida, pues Él te creó.

Y dado que Él te creó, también cuida de ti. Él ve las cosas que, para ti, pasan inadvertidas. Te ve cuando das desinteresadamente sin ser el centro de atención. Te ve cuando arropas a tus hijos en la cama muy de noche. Cuando le das una palabra de aliento a una amiga que está desconsolada. Cuando atiendes a tu esposo enfermo. Cuando cocinas la cena para tu familia fielmente cada noche. Aunque no recibes ningún tipo de reconocimiento del mundo, Dios está tan complacido con tu fidelidad que en el cielo se está diseñando una placa de reconocimiento para ti.

> "Cuando, pues, des limosna, no hagas tocar trompeta delante de ti, como hacen los hipócritas en las sinagogas y en las calles, para ser alabados por los hombres; de cierto os digo que ya tienen su recompensa. Mas cuando tú des limosna, no sepa tu izquierda lo que hace tu derecha, para que sea tu limosna en secreto; y tu Padre que ve en lo secreto te recompensará en público" (Mt. 6:2-4).

Tal vez tu recompensa llegue a través de tus hijos. Tal vez, a través de tu matrimonio. Tal vez, a través de Aquel ser especial que se levantará y te llamará bienaventurada por amor de su nombre. Independientemente de la manera, ¡se te recompensará en público! Por lo tanto, sigue caminando con Él.

¿Por qué motivo Dios se tomaría todo el tiempo necesario para crearte inigualable si no tuviera planes para usarte de un modo especial?

Desde muy jóvenes, a la mayoría de las mujeres se le enseña a ser humilde y no jactanciosa. La periodista estadounidense Judith Martin, conocida con el pseudónimo de Miss Manners por su palabra de autoridad en etiqueta y comportamiento social, tiene razón: nadie quiere estar cerca de alguien jactancioso y orgulloso. Pero en nuestra niñez muchas veces comenzamos a enfocarnos más en lo que *no podemos* hacer que en lo que *podemos* hacer. Cuando eso sucede, nuestra belleza se oculta, y nuestra singularidad se pierde. Por desdicha, muchas de las mujeres no vuelven a descubrir su singularidad hasta la edad adulta; y a menudo solo después de una búsqueda intensa, resuelta y prolongada. Trágicamente, algunas nunca la vuelven a encontrar.

Si has olvidado cuán hermosa eres y no puedes escuchar la voz de tu Padre que te alienta y te susurra con compasión cuán maravillosa y singularmente has sido agraciada, este es el tiempo de volver a escucharlo. Este es el momento de redescubrir las cualidades que Dios colocó en ti antes de nacer. Estas son cualidades que Él quiere que uses para que puedas vivir el sueño que tiene para tu vida.

Para comenzar a centrarte en tus puntos fuertes y en lo que te encanta hacer, tal vez debas eludir pensamientos negativos como estos:

- *¿Qué te hace pensar que Dios te hizo especial?*
- *Otras personas tienen talentos, pero Dios se olvidó de ti cuando los repartió.*
- *Si te enfocas en tus puntos fuertes, lo único que harás es tener un gran ego. Mejor no te enfoques en ellos.*
- *Identificar lo que te encanta hacer no cambiará las cosas. Sigues atascada en un trabajo sin futuro.*
- *No todas pueden vivir una vida más grande de la que soñaron. ¿Qué te hace pensar que Dios tiene eso en mente para ti?*
- *Eres demasiado _____ (gorda, tonta, educada, no educada, egoísta) para que Dios te use.*

Estas son algunas de las mentiras que nosotras pensamos y que la sociedad nos dice, a menudo para mantenernos en nuestro lugar. Pero ¿cuál es nuestro lugar? Creo que es el lugar al que Dios nos ha llamado y para el que nos ha creado. Muchas mujeres hemos permitido que estas mentiras nos mantengan en nuestro lugar. No nos hemos atrevido a soñar que Dios nos dio los talentos y las habilidades singulares que tenemos a fin de ayudarnos a ocupar el lugar apropiado en el plan que Él creó especialmente para nuestra vida.

Si eres una de las mujeres dichosas que ya vive el sueño de Dios para su vida, sé agradecida. Y comprométete en alentar a una amiga a seguir buscando el lugar específico que Dios diseñó para ella. Si te sientes frustrada y titubeas en tu búsqueda del plan de Dios para ti, piensa que aunque es probable que el sueño de Dios sea más grande que aquel que alguna vez hayas imaginado, Él podría usarte de alguna manera pequeña. El humilde talento de ser una buena oyente podría, de hecho, salvar la vida de otra persona. Tu tierna caricia podría ofrecerle esperanza al enfermo. Tu disposición a perdonar a una amiga podría ser el catalizador que le permita perdonarse a sí misma. El abrazo dado a tu vecina la semana pasada podría haber sido suficiente para alentarla a seguir trabajando en su matrimonio en vez de darse por vencida.

En otras palabras, aunque el plan de Dios para ti sea grande, puede que seas llamada a vivirlo de manera pequeña —a simple vista *nada* extraordinaria— al usar talentos y habilidades que no consideras para nada especiales o singulares. Pero recuerda, estamos hablando de la economía de Dios, no de la nuestra.

Los talentos que somos llamadas a usar puede que no sean extraordinarios. Pero la manera de usarlos podría dar resultados sorprendentes. Solo cuando conoces verdaderamente que has sido creada a su imagen y te ves a ti misma tan hermosa como Él te ve, puedes valorar y reconocer los dones que Él te ha dado.

> "Porque de la manera que en un cuerpo tenemos muchos miembros, pero no todos los miembros tienen la misma función, así nosotros, siendo muchos, somos un cuerpo en Cristo, y todos miembros los unos de los otros. De manera que, teniendo diferentes dones, según la gracia que nos es dada, si el de profecía, úsese conforme a la medida de la fe; o si de servicio, en servir; o el que enseña, en la enseñanza; el que exhorta, en la exhortación; el que reparte, con liberalidad; el que preside, con solicitud; el que hace misericordia, con alegría" (Ro. 12:4-8).

Cada uno de los talentos (también conocidos como dones) a los que se hace referencia en Romanos 12 son bastante comunes, como la enseñanza, la exhortación y la dirección. Tu manera de usar estos talentos hace que sean singulares.

Si aún no sabes cuáles son tus dones y no has decidido cómo usarlos, este es el momento.

Vive el
SUEÑO

Para vivir el sueño que Dios ha preparado para ti, debes reconocer y saber cómo usar los dones especiales con los que te ha bendecido.

Preguntas para
LA REFLEXIÓN

- ¿Cuáles son tus dones espirituales?
- ¿De qué manera usaste tus dones espirituales para la gloria de Dios el mes pasado?
- ¿Qué talento pequeño tienes que Dios puede usar para grandes cosas?

Día 4

Enfócate en tus puntos fuertes

Procura ser siempre una versión excelente de ti misma, y no una versión mediocre de otra persona.
JUDY GARLAND

En su exitoso libro *Una vida con propósito*, Rick Warren escribe: "Dios nunca te pedirá que dediques tu vida a una tarea para la cual no tienes talento. Por otro lado, las habilidades que *posees* constituyen un fuerte indicador de lo que Dios quiere que hagas con tu vida".[1]

Así que, hermana, ¿cuáles son tus habilidades?

La mayoría de nosotras pasa mucho más tiempo enfocándose en las habilidades que *no* posee en vez de enfocarse en las habilidades que *sí* posee. Pero los profesionales en recursos humanos nos dicen que las oportunidades más grandes para el crecimiento y el desarrollo personal llegan cuando nos enfocamos en nuestros puntos fuertes y no en nuestros puntos débiles. Esto va en contra del mensaje que las empresas de los Estados Unidos habitualmente les transmiten a sus empleados. En las evaluaciones de trabajo, los subjefes a menudo se dedican a indicar los puntos débiles del empleado en lugar de aprovechar sus puntos fuertes. Y cuando se establecen los objetivos, los subjefes suelen pedirles a los empleados que mejoren en áreas donde no son hábiles por naturaleza, en vez de pedirles que se enfoquen en sus puntos fuertes y les saquen provecho en beneficio de la compañía.

Todas tenemos que tomar una decisión. Podemos enfocarnos en las habilidades que *sí* poseemos o en las que *no* poseemos. Las mujeres extraordinarias se enfocan en sus habilidades y usan sus dones para extender el reino de Dios.

Las mujeres extraordinarias también usan sus puntos fuertes en pequeñas cosas que marcan una gran diferencia.

La madre Teresa sabía que atender a los enfermos y a los pobres, una persona a la vez, afectaría considerablemente a cada persona que atendiera. Ella desconocía que su compasión dejaría también una gran huella en todo el mundo.

Puede que no hayas escuchado nombrar a Genevieve Piturro. Ella colaboraba como voluntaria en los refugios para niños cuando se dio cuenta de que los niños dormían con la misma ropa que habían usado durante todo el día, y eso le produjo mucha tristeza. Al recordar la calidez de los pijamas que usaba cuando era niña, Piturro comenzó a comprar pijamas y a llevarlos a los centros de niños. En 2001, cuando la demanda de pijamas superó su capacidad de compra, comenzó el *Pajama Program* [un programa que distribuye pijamas y libros a niños huérfanos]. Desde entonces, se han distribuido más de 10.000 pijamas y 8.000 libros a niños huérfanos; y miles de niños han aprendido que, aunque no tienen padres o se encuentran en circunstancias difíciles, hay alguien que se preocupa por ellos. (Para mayor información o para hacer una donación a *Pajama Program*, visita www.pajamaprogram.org).

Cuando Kim Newlen dejó su trabajo como maestra para quedarse con su hija en el hogar, experimentó una profunda soledad. En vez de hundirse en ella, decidió hacer algo al respecto. Comenzó a organizar una reunión mensual de mujeres sin esperar que confirmaran su asistencia o que le hicieran una invitación a cambio. Las reuniones, denominadas *Sweet Monday* [Lunes dulce], ofrecen breves palabras de aliento espiritual, alimento y lo más importante: ¡diversión! Diez años después de la primera reunión, *Sweet Monday* sigue proporcionando más oportunidades de confraternidad a medida que las mujeres de todo el país se están apropiando de la idea. Debido a este ministerio, muchas mujeres que habían dejado de congregarse han regresado a la iglesia, y otras que no conocían a Cristo le han entregado su vida a Él. Kim, aquella madre sola y triste, ahora se ha convertido en una extraordinaria motivadora y ha escrito *Sweet Monday: Women's Socials on a Shoestring* [Lunes dulce: reuniones sociales para mujeres con poco presupuesto]. (Para mayor información sobre *Sweet Monday*, visita www.sweetmonday.com).

Cada una de estas mujeres comenzó su travesía al atender sus propias necesidades y las necesidades de los demás. Nunca se imaginaron que, desde allí, Dios las llevaría hasta donde hoy se encuentran.

Uno de mis puntos fuertes es la organización. Siempre tengo una agenda y puedo encargarme de detalles y fechas de entrega. Cuando voy a algún lugar, me hago un itinerario detallado (y, por lo general, imprimo el mapa del localizador de direcciones de la Internet). Me guío por los catálogos y leo las indicaciones, que sigo paso a paso cuando estoy haciendo algo que nunca he hecho antes. Esto vuelve loco a mi esposo Tim.

Puedo enfocarme en mis puntos fuertes y usarlos en el servicio a Dios y a mi prójimo, o puedo reprocharme por mis puntos débiles. La primera opción es positiva y beneficiosa. La segunda opción simplemente me haría sentir mal conmigo misma y no me ayudaría en nada; excepto a sentirme mal.

La mayoría de nosotras puede pensar en una lista de puntos débiles. Pero ¿puedes expresar tan fácilmente tus puntos fuertes? Si no, échale un vistazo a la siguiente lista y marca o destaca todas las palabras que describen tus puntos fuertes:

flexible	motivadora	audaz
comprensiva	metódica	analista
intuitiva	firme	sociable
sensible	consciente	segura
generosa	colaboradora	decidida
leal	paciente	diplomática
entusiasta	influyente	optimista
organizada	visionaria	resolutiva
confiable	resuelta	práctica
conciliadora	inquisitiva	solidaria
investigadora	disciplinada	cautelosa

Esta lista no abarca todo, pero es una buena manera de comenzar a identificar y expresar tus puntos fuertes. Una vez que lo hagas, estarás en condiciones para dar el paso siguiente, que es hacer una lista específica de la manera de usar estos puntos fuertes.

> "Ahora bien, hay diversos dones, pero un mismo Espíritu. Hay diversas maneras de servir, pero un mismo Señor. Hay diversas funciones, pero es un mismo Dios el que hace todas las cosas en todos. A cada uno se le da una manifestación especial del Espíritu para el bien de los demás" (1 Co. 12:4-7, nvi).

La madre Teresa usó el don de extender misericordia a los pobres y enfermos. Genevieve Piturro usó el don de contribuir con pijamas para los niños. Y Kim Newlen usó el don de relacionar mujeres en la sala de su casa.

¿Qué cosas recibiste para manifestar a Dios? ¿Ser miembro de la comisión directiva de tu iglesia? ¿Ser voluntaria del programa de alimentación a familias necesitadas? ¿Organizar una actividad dirigida a recaudar fondos para las misiones? ¿Administrar las finanzas de una institución benéfica? ¿Ser maestra de la escuela dominical? ¿Colaborar con la escuela dominical? ¿Ayudar a armar el decorado de la obra anual de Navidad de tu iglesia? ¿Dirigir un grupo de música? ¿Hacer visitas a hospitales? ¿Ofrecerte para llevar aquellos que no tienen un medio de transporte hacia y desde la iglesia? Las posibilidades son infinitas.

Esto también es infinito: la soberanía de Dios al bajar del cielo y manifestarse a los demás a través de ti. Cada día eres Cristo en la tierra para las personas que te rodean. Y cuando te enfocas en usar tus puntos fuertes para manifestar a Cristo y te niegas a hundirte en tus puntos débiles, tu luz brilla radiantemente, y tu campo de acción llega a límites que nunca imaginaste.

Vive el
SUEÑO

Decide enfocarte en tus habilidades y usa tus dones para extender el reino de Dios.

Preguntas para
LA REFLEXIÓN

- ¿Cuáles son tus puntos fuertes más destacados?
- ¿Cómo puedes manifestar mejor la gloria y la obra de Dios mediante los talentos que Él te ha dado?
- ¿Qué dones y talentos tienes que puedes usar para el bien de tu pequeño grupo, familia, colaboradores, iglesia u organización comunitaria?

Día 5

Épocas, etapas y cambios

Debes estar dispuesto a sentirte molesto.
Y a no molestarte por sentirte molesto. Podría ser difícil,
pero es un pequeño precio a pagar para vivir un sueño.
PETER MCWILLIAMS

La Biblia enseña claramente que todos pasaremos por diferentes etapas de la vida. Dice Eclesiastés 3:1-8:

> "Todo tiene su tiempo, y todo lo que se quiere debajo del cielo tiene su hora. Tiempo de nacer, y tiempo de morir; tiempo de plantar, y tiempo de arrancar lo plantado; tiempo de matar, y tiempo de curar; tiempo de destruir, y tiempo de edificar; tiempo de llorar, y tiempo de reír; tiempo de endechar, y tiempo de bailar; tiempo de esparcir piedras, y tiempo de juntar piedras; tiempo de abrazar, y tiempo de abstenerse de abrazar; tiempo de buscar, y tiempo de perder; tiempo de guardar, y tiempo de desechar; tiempo de romper, y tiempo de coser; tiempo de callar, y tiempo de hablar; tiempo de amar, y tiempo de aborrecer; tiempo de guerra, y tiempo de paz".

Tal vez, estés leyendo este libro y pienses: *Puede que Dios haya tenido un sueño para mí, pero yo me lo perdí.* O: *Me pasé demasiado de la raya en la vida para que Él me use.* O: *Puede que quiera usarme, pero ¡mi vida es un desastre en este momento!*

Independientemente de cuáles sean tus circunstancias, cuál sea tu trasfondo, cuánto dinero tengas o cuáles sean tus habilidades, Dios está buscando un corazón dispuesto. Y eso es algo que puedes desarrollar, aunque en este momento no estés lista para consagrarte. Dios estará listo cuando tú lo estés.

Las mujeres extraordinarias saben que Dios puede usarlas en cualquier época, etapa y cambio de la vida.

Considero a mi madre una mujer extraordinaria. Sé que no puedo ser imparcial, pero he visto cómo su corazón dispuesto hizo posible que Dios la usara para algo que ella nunca imaginó, después de atravesar una etapa inesperada de la vida que forzó cambios no buscados.

Mi padre tenía cincuenta y nueve años cuando le diagnosticaron cáncer en la médula espinal. Mi madre apenas tenía cincuenta y ocho. Habían estado casados durante cuarenta años cuando su diagnóstico cambió el tema de sus conversaciones, y dejaron de hablar de la jubilación y de mudarse más cerca de sus nietos, para hablar de citas con doctores y opciones de tratamientos.

Como familia, oramos fervientemente por sanidad. Mi madre se convirtió en la enfermera de mi padre y, aunque su corazón estaba destrozado, siguió siendo fuerte para él. Ella se encargaba de darle sus medicinas y de cuidar de él después del trasplante de médula. Lo ayudaba a manejar sus asuntos de negocios y se hizo cargo de las finanzas de la familia. Coordinaba sus horarios, y cuando cumplir con estos se hizo demasiado difícil para él, insistió para que aliviara su carga. Finalmente, cuando nos dimos cuenta de que mi padre no sería sanado en esta vida, mi madre permitió que él tuviera el privilegio de hablar de lo que le sucedería a ella después de su muerte y también que la ayudara a hacer planes. Mi padre se aseguró incluso de que mi madre tuviera una casa cerca de nosotros para que estuviéramos cerca después de su muerte.

Aunque tuvo que lidiar con su propia tristeza, mi madre ha hecho una tarea admirable en su respuesta al cambio inesperado de ser viuda mucho antes de lo que alguna vez pudo imaginar. Lo que es más importante, reconoce que se encuentra en una nueva etapa. Y aquí es donde entra en acción la disposición de su corazón.

En vez de permitir que la identifiquen con una sola palabra —"viuda"—, mi madre es consciente de que puede ayudar a otros como resultado de la nueva etapa en la que se encuentra. Ella no solo sigue siendo de gran apoyo para mi hermana, para mí y para nuestra familia en general, sino también ministra a otras personas que han perdido su cónyuge. Aunque mi mamá no pudo evitar ser viuda, ha permitido que Dios la use para ayudar a otros a atravesar el proceso del duelo. Observar cómo Dios la usa ha sido enriquecedor para mí, y a menudo me pregunto cómo y dónde me usará a medida que también atraviese las diferentes épocas y etapas, y cambios que tengo por delante y que solo Él conoce.

Aunque no entiendo por qué Dios no sanó a mi padre, sé que me ama y he decidido seguir creyendo en Él y en sus promesas. El Señor es bueno en cualquier época, etapa y cambio. Puede que nunca llegue a comprender totalmente por qué las cosas suceden de la manera que suceden, pero sigo poniendo mi confianza en Dios. Este es el primer paso para tener un corazón dispuesto. Y tener un corazón dispuesto es el secreto para vivir el sueño que Dios ha preparado para ti.

Vive el
SUEÑO

Dios puede usarte y te usará en cualquier época, etapa y cambio de la vida.

Preguntas para
LA REFLEXIÓN

- ¿Qué época, etapa o cambio has experimentado hace poco (buscado o no buscado)? Piensa de qué manera es probable que Dios te use como resultado.
- La Biblia nos dice: "Todo tiene su tiempo, y todo lo que se quiere debajo del cielo tiene su hora". ¿Saber esto te ayuda a tener paciencia para que Dios te revele su plan para tu vida?
- Haz una cronología de los pasados veinte años. Incluye los sucesos importantes (buenos y malos) así como las

personas que más han impactado tu vida a través de los años. Compáralo con tu situación actual. ¿Puedes ver por qué Dios trajo ciertas personas a tu vida? ¿Tienes idea de para qué te estuvo enseñando Dios a través de los triunfos y las tragedias de los pasados veinte años y por qué intervino de la manera que lo hizo?

Semana 2

Secretos para saber que Dios te ama realmente

Aunque nuestros sentimientos vienen y van, el amor de Dios por nosotros, no.
C. S. Lewis

A los cuatro años de edad, todas las niñas aman a sus padres. Recuerdo que nuestra hija Megan danzaba sobre los pies de Tim cuando era pequeña. Ella lo miraba deslumbrada con una sonrisa resplandeciente. Sabía que era la niña de sus ojos y se gozaba en esa seguridad. Aún se goza en ello.

La historia de Beatriz es un poco diferente. Como la mayoría de las niñas, todas las noches esperaba que su padre doblara aquella última esquina y estacionara frente a la puerta de su casa. Una noche, con su nariz contra el vidrio de la ventana, que se empañaba con cada respiración, esperó y esperó; pero su padre nunca llegó. Nunca lo volvió a ver y tuvo que afrontar su abandono por el resto de su vida.

Un padre ausente es una realidad desdichada, que afecta al corazón de una niña mucho más de lo que nos imaginamos. Casi el 40% de los niños estadounidenses se despertarán mañana en un hogar donde ya no viven sus papás biológicos. Aun más preocupante, casi la mitad de esos niños hace doce meses que no ven a su papá.

Y una pregunta perfora el corazón de todos esos niños, especialmente de las niñas. *Papá, ¿me amas realmente?* Saber si tu papá te ama realmente es difícil si no lo conoces o si te cuesta mucho tener una relación con él. Lo sepan o no, muchas mujeres pasan toda su vida buscando la respuesta a esta pregunta tan crucial. Algunas nunca la encuentran. Nunca llegan a ser libres.

A menudo ocurre lo mismo con nuestro Padre celestial, al que no podemos ver o tocar físicamente. Con gran frecuencia, nuestra experiencia con Dios refleja la relación que tenemos —o no tenemos— con nuestro padre terrenal. Sin embargo, ambas relaciones no se pueden comparar. Para aceptar completamente el amor de Dios, debemos primero entender cuánto nos ama en realidad; independientemente del estado de nuestra relación con nuestro padre terrenal.

En este capítulo, descubrirás cómo encontrar el amor de Dios para ti, y hallarás la seguridad de saber que nada puede separarte del amor eterno que Él te ofrece.

Día 1

Cautivada

Soy tan solo una muchacha frente a un hombre pidiéndole que me ame.
Anna Scott (Julia Roberts) en *Notting Hill*

¿Jugabas a "corre que te atrapo" cuando eras niña? Yo sí.

Enclavada en la llanura del nordeste de Montana, había una pequeña iglesia que mi abuelo había plantado hacía muchos años. Cada semana, con mi hermana y todos los otros niños de la iglesia esperábamos ansiosos que sonara la campana de la escuela dominical. Eso significaba que teníamos veinte minutos para jugar antes que comenzara oficialmente el culto de la iglesia. "Corre que te atrapo" era el juego de elección, y la mayor parte del tiempo los varones eran los que corrían tras las niñas. Nunca supe por qué, pero si un varón me atrapaba, seguía corriendo hasta atrapar a las otras niñas. Me encantaba que los varones me persiguieran por todo el patio de la iglesia. Yo era inocente y me divertía. Después crecimos, y aquello llegó a ser aun más emocionante.

¿Qué sentiste cuando tu esposo, tu prometido o tu novio comenzaron a tratar de conquistarte? Estoy segura de que recuerdas cuando esperabas que te llamara por teléfono. Cuando te sorprendías por el ramo de flores o la caja de dulces que te regalaba. Cuando notabas la manera en la que él te miraba y pensabas cuándo se volverían a ver o qué aventura habría preparado para aquella próxima cita. Cuando sentías la ternura de sus labios sobre los tuyos. Cuando sabías que eras la única mujer que él quería conquistar; que para él ninguna otra mujer del mundo era más bella que tú. Cualquiera que sea tu edad, cuando alguien quiere conquistarte, aparece la niña risueña que llevas dentro.

Todas queremos que nos conquisten. Cuando nos conquistan, nos relajamos. Nos sentimos bellas y libres.

En su libro *Cautivante*, John y Stasi Eldredge describen a una mujer que se siente amada y conquistada.

> Todas hemos escuchado decir que una mujer es más bella cuando está enamorada. Es verdad. Cuando una mujer se siente amada y amada intensamente, resplandece por dentro. Esta luminosidad emana del corazón de la mujer que obtuvo las respuestas a sus preguntas más importantes: ¿Soy una mujer encantadora? ¿Vale la pena pelear por mí? ¿Me han cortejado y me seguirán cortejando? Dios quiere cautivarnos con su belleza.[1]

Dios te ama. Y dado que Él te ama, te quiere cautivar; sí, a *ti*, en este mismo momento.

Puede que te cueste creer que con tantas personas y tantos problemas en el mundo, Dios tenga tiempo para querer cautivarte, pero es así.

Déjate cautivar. Su amor no es como cualquier otro amor.

Recibirlo es una decisión. Puedes comenzar y decir: *Sí, Señor, creo.*

Mantener intimidad con Dios también es una decisión. En el mundo de hoy, muchas cosas desgarran el corazón de una mujer y compiten por su amor. Inconsciente, involuntaria y sutilmente, puedes poner tu corazón en otras cosas. ¡Tienes que buscar a Dios con todo tu corazón!, pues la Biblia promete: "y me buscaréis y me hallaréis, porque me buscaréis de todo vuestro corazón" (Jer. 29:13).

En referencia a buscar la belleza de Dios, Stasi Eldredge sigue diciendo: "Es valiosa. Es buena. Es antagónica. Tendrás que luchar para buscar la intimidad con Cristo".

¿Por qué hay que luchar por ello? Porque el maligno odia la belleza de Dios en ti.

En su libro, *Turn Your Life Around* [Dale un giro a tu vida], mi esposo Tim se refiere a esto como la senda de los "afectos trastornados", que ocurre cuando confiamos en que otras cosas al margen de Dios llenarán el vacío de nuestro corazón. Nuestros afectos se trastornan cuando todo en la vida parece una locura, nada está en armonía, las prioridades son caóticas, y la vida es abrumadora. Esposo. Hijos. Trabajo. Familia. Familia política. Vacaciones. Finanzas. Iglesia. Ropa sucia. Comida. Las presiones de la vida comienzan a arrebatarte tu afecto por Dios. Como resultado pasas menos tiempo con Él. Cuanto menos tiempo pases con Él, menos bella te sentirás. Y antes de que te des cuenta, dejarás de sentirte amada.

¿Puedes ver lo que sucede? La idolatría se implanta en nuestra vida cuando recurrimos a otras cosas en vez de recurrir a nuestro Padre para que calme y alivie nuestro dolor por el vacío o el quebranto de nuestro corazón. Tim define la idolatría como "la búsqueda infructuosa de cualquier cosa al margen de Dios para que llene lo que solo Él puede llenar". Ir de compras. Alimentos. Malas relaciones. Ser libre de la idolatría requiere ser disciplinada y persistir en lo que Pablo creía: "¿Quién nos separará del amor de Cristo? ¿Tribulación, o angustia, o persecución, o hambre, o desnudez, o peligro, o espada?... Por lo cual estoy seguro de que ni la muerte, ni la vida, ni ángeles, ni principados, ni potestades, ni lo presente, ni lo por venir, ni lo alto, ni lo profundo, ni ninguna otra cosa creada nos podrá separar del amor de Dios, que es en Cristo Jesús Señor nuestro" (Ro. 8:35, 38-39).

Todos los días tengo que tomar la decisión de dejarme conquistar una y otra vez por el amor de Dios.

Ten la seguridad de que Dios decididamente trata de cautivarte. Por ello, en vez de correr, déjate cautivar. *Pídele* que te cautive.

> Cuando finalmente dejamos de escapar, nos sentimos más ligeras que el aire. Volvemos a ser niñas de cinco años que esperan con expectativa al saltar desde un escalón con los brazos abiertos, un grito de alegría y una gran sonrisa, mientras dicen: "¡Papá, atrápame!".
>
> Algo hermoso sucede en tu alma cuando finalmente *crees* que Dios te ama, pase lo que pase. Él es un Padre que no quiere que vayas a otro lado que no sean sus brazos. Él te está diciendo: "Ven a mí. No te voy a fallar. Quiero

mostrarte el camino hacia una vida mejor". Él ha estado esperando por ti.[2]

Cada día, el Creador del universo, el Altísimo, el Dador de la vida te quiere cautivar. Anhela darte su amor.

Deja de correr. Déjate cautivar. Déjate amar. Comienza una vida nueva y redescubre a la pequeña niña risueña que llevas dentro.

Vive el
SUEÑO

Dios es el Amante de tu alma y decididamente quiere cautivarte.

Preguntas para
LA REFLEXIÓN

- ¿Qué significan para ti las palabras "cautivada por el amor de Dios"? ¿Reflejan una imagen de servidumbre o una ilustración más romántica de alguien que te quiere conquistar porque está enamorado de ti?
- ¿La idea de ser cautivada por el amor de Dios tiene una connotación positiva o negativa para ti?
- ¿A quién diriges naturalmente tus afectos cuando estás bajo estrés o presiones? ¿Cómo puedes redescubrir tu devoción por Dios?

Día 2

Me ama, no me ama

*Para el mundo tú puedes ser una persona,
pero para una persona puedes llegar a ser el mundo.*
BILL WILSON

Estaba sentada junto a mi hija Megan, mientras leía el bosquejo de este capítulo. Cuando leyó el título "Me ama, no me ama", lanzó una carcajada.

—¿Qué es lo que te causa gracia? —preguntó Tim, mientras miraba la televisión desde el sillón contiguo. Él me acababa de preguntar si solía jugar a deshojar las margaritas cuando era niña.

Megan respondió en broma:

—Recuerdo que cuando era niña arrancaba los pétalos de las margaritas y decía: "Me ama, no me ama" en el jardín de casa. Pero lo divertido es que ni me interesaban los muchachos en ese entonces.

Fue ahí que hice una objeción y dije:

—¿Qué quieres decir con *en ese entonces*?

Como madre, puede que haya sido un poco sobreprotectora, pero esta ilustración indica algo que está grabado a fondo en el corazón de toda mujer: el anhelo de ser amada. Incluso antes que Megan se interesara en los muchachos, el anhelo de su corazón era ser amada. Igual que tú y yo, ella seguirá sintiendo este anhelo en la vida.

¿Por qué siempre esperamos que el último pétalo que arrancamos tenga grabadas estas dos palabras tan reconfortantes: "Me ama"? ¿Es que simplemente fuimos creadas para el amor? ¿O tal vez, porque tememos no ser amadas?

Al vivir en un mundo tan confuso, podemos ignorar fácilmente cuán bellas somos para Dios y cuánto realmente Él nos ama. Pero mujeres extraordinarias anhelan el amor de Dios, y son capaces de recibirlo.

Esto es lo que sabemos: las mujeres son dos veces más propensas que los hombres a sufrir de depresión, y el 20% de las mujeres puede esperar sufrir de depresión clínica en algún momento de su vida. Al menos 33% de las mujeres ha sido abusada físicamente, forzada a tener relaciones sexuales o abusada de otra manera durante su vida, y el 25% de las mujeres de América del Norte fue abusada en su niñez.[3]

Las heridas abiertas, sin sanar, que mortifican el corazón de las mujeres, y le suman confusión y estrés a la vida diaria y a las relaciones interpersonales, son enormes. Tanto las mujeres solteras determinadas a encontrar un compañero para toda la vida como las mujeres casadas frustradas con sus cónyuges experimentan la tensión de vivir sin el cumplimiento de sus anhelos.

¿Cómo nos sobreponemos a la tensión de no sentirnos amadas? Nuestra búsqueda del amor es activa, y nos esforzamos por encontrarlo. El psicólogo Ernest Becker escribió que "la persona moderna bebe y se droga apartada de la conciencia, o se pasa el día de compras, que es lo mismo".[4] Las estadísticas revelan que la mujer de hoy controla el 80% de los gastos de la casa, un mercado del valor de $ 3,25 billones. Y la deuda promedio en tarjetas de crédito de una mujer excede los $ 2300.[5] La ansiedad, la depresión, el divorcio y el escapismo por medio de las drogas, el alcohol, el consumismo, el sexo, la violencia y el suicidio desenfrenados han sofocado a las mujeres al privarlas del fresco aire espiritual del amor de Dios que tanto anhelan y desesperadamente necesitan. Dallas Willard hizo referencia a esto en su libro sobre disciplinas espirituales. Dijo: "Obviamente, el problema es espiritual. Y de igual modo debe ser la cura".[6]

El maligno odia la belleza de Dios en ti y está tratando de hacerte creer que Él no se preocupa por ti o no te ama. El maligno quiere que creas que no significas nada para el Señor. Pero la verdad es esta: "Todo aquel que confiese que Jesús es el Hijo de Dios, Dios permanece en él, y él en Dios. Y nosotros hemos conocido y creído el amor que Dios tiene para con nosotros. Dios es amor; y el que permanece en amor, permanece en Dios, y Dios en él" (1 Jn. 4:15-16).

Tu capacidad de entender, aceptar y reconocer que Dios te ama es la clave para encontrar tu libertad. Cuando aceptas su amor, puedes transmitirlo más fácilmente. Su amor brilla a través de ti.

Pero primero tienes que rechazar las mentiras del maligno que pululan en tu mente y aceptar que Dios realmente te ama. Hay una manera simple de saber si es verdad: preguntar.

Un antiguo adagio dice: "No preguntes si no quieres saber la respuesta". Pero lo opuesto también es verdad. Si quieres saber la respuesta, pregunta.

Cuando le preguntes a Dios si te ama, Él te responderá, porque Dios *es* amor. Y dado que Él *es* amor, todo lo que Él hace está saturado de amor.

Por eso anhelas tener certeza del amor de Dios por ti. Joyce Meyer concuerda en lo siguiente:

> Una mujer segura sabe que es amada. No tiene temor de no ser amada, porque ante todo sabe que Dios la ama incondicionalmente. Para sentirnos plenas y completas, necesitamos saber que somos amadas. Recibir la dádiva gratuita del amor incondicional de Dios es el comienzo de nuestra sanidad y el fundamento de nuestra vida en Cristo.[7]

Tener certeza del amor de Dios por nosotras es un elemento esencial para poder soportar cualquier cosa que se nos cruce en el camino. La esposa, madre y abuela, Cathy Hendrick, experimentó lo inimaginable, pero pudo soportarlo porque se aferró fuertemente al amor de Dios. El 24 de octubre de 2004, su esposo y sus hijas mellizas de veintidós años murieron en un accidente aéreo. Después del accidente, ella se preguntaba: *¿Será que Dios me habrá amado menos el 24 de octubre?* Ella sabía la respuesta: *No, no la había amado menos.*

Cathy dice: "Sé que Él me ama, y estoy segura de ello. Mi certeza de su amor comenzó muchos años antes del accidente. Pero durante los tiempos de quebrantamiento, enfermedad y pérdidas, es cuando descubrimos lo que realmente creemos de Él y si verdaderamente ponemos nuestra fe y confianza en Él".

Al poner su fe en Dios, Cathy pudo atravesar la tragedia con su fe intacta.

El maligno te dice que no puedes confiar en el amor. Pero Dios te *mostrará* que puedes.

El amor de Dios se manifiesta en el tierno abrazo de una amiga que sabe que estás sufriendo, pero que no necesita saber por qué. En las flores que recibes para tu cumpleaños, o la tarjeta o el correo electrónico que te llega con el solo objetivo de animarte. En la voz de tu esposo cuando te pregunta: "¿Cómo puedo ayudarte?" y en la voz de tus hijos cuando te dicen: "Eres la mejor mamá del mundo". El amor de Dios se manifiesta en el tacto de una enfermera que te inyecta la aguja para administrarte quimioterapia y en la mente del doctor que estudia horas extras para asegurarse de la eficacia de tu tratamiento. Se manifiesta en la acción de un vecino que te acerca tu contenedor de basura que fue a parar a la mitad de la calle, en la sonrisa de un anciano que te abre la puerta cuando tienes los brazos ocupados, en el director fúnebre que gentilmente te ayuda a planificar un servicio conmemorativo apropiado para tu padre, y en la vecina que reconoce que estás cansada y se ofrece para cuidarte los niños a la tarde.

"En el amor no hay temor, sino que el perfecto amor echa fuera el temor; porque el temor lleva en sí castigo. De donde el que teme, no ha sido perfeccionado en el amor" (1 Jn. 4:18).

Reflexiona en lo que escribió Meister Eckhart, uno de los grandes teólogos cristianos del siglo XIV: "El alma debe anhelar a Dios para poder arder por el amor de Dios; pero si el alma no es capaz aún de sentir este anhelo, entonces debe anhelar sentir este anhelo. Anhelar sentir este anhelo también proviene de Dios".

Dado que Dios nos ama, Él coloca el anhelo de ser amadas —y el anhelo por Él— en nuestro corazón. Por eso, no es de extrañarse que queramos que el último pétalo diga: "Me ama".

Vive el
SUEÑO

Anhela el amor de Dios y prepárate a recibirlo.

Preguntas para
LA REFLEXIÓN

- ¿Qué te gustaría preguntarle a Dios acerca de su relación contigo?
- Si te incomoda la idea de preguntarle a Dios si te ama, tómate un minuto para pensar en la razón. ¿Tienes miedo de que la respuesta sea no? ¿O incluso de no escuchar ninguna respuesta?
- ¿Cuáles son tus temores cuando piensas en amar o que alguien te ame?
- ¿Qué pasos comenzarás a tomar para vencer tus temores de ser amada?

Día 3

Alábalo en la tormenta

El amor siempre requiere responsabilidad; el amor siempre requiere sacrificio. Y en realidad no amamos a Cristo a menos que estemos dispuestos a cumplir su misión y a llevar su cruz.
WILLIAM BARCLAY

Unas vacaciones. Unos días libres. Un descanso. Todas lo necesitamos, y nuestro cuerpo suele decirnos cuándo es el momento.

Para una pareja de Chicago, era el momento. Después de enterrar a su hijo y de perder todo el edificio de su agencia inmobiliaria en un incendio, la madre y el padre necesitaban unas vacaciones con sus cuatro hijas. El destino: Inglaterra.

Mientras la familia se preparaba para partir, el padre recibió la noticia de un asunto urgente que debía resolver. Por ese motivo, su esposa y sus cuatro hijas viajaron antes que él, pero él les aseguró que se reuniría con ellas en Inglaterra algunos días después. Al partir del puerto de Nueva York, todo marchaba bien. Pero horas más tarde, en medio del frío océano Atlántico, algo cambió. De repente, apareció otro barco y hubo un fuerte estampido. Las personas gritaban, vociferaban y corrían frenéticamente. A los doce minutos del impacto, el barco se había hundido bajo la superficie del océano.

Tragedia, angustia y pérdida; nadie es inmune a los avatares de la vida. Nadie puede evadirlos. Las tormentas de la vida son inevitables. La vida tiene su manera de darnos algunos golpes. Y cuando la tormenta azota, podemos sentir que nos han abandonado y nos han dejado de amar.

Aun Jesús fue tentado a sentirse así. Cuando colgaba de la cruz, exclamó: "...Dios mío, Dios mío, ¿por qué me has desamparado?" (Mt. 27:46).

Al crecer en un hogar cristiano, tuve la dicha de escuchar suficientemente acerca del amor de Dios y de experimentarlo desde pequeña. Sin embargo, aun con ese fuerte fundamento, el amor de Dios me pareció a veces algo huidizo, como cuando Tim y yo éramos recién casados y descubrimos que decir "sí, quiero" no necesariamente significa "y fueron felices para siempre". (¡Al menos los primeros años!) O como cuando nuestro hijo Zach sufría convulsiones de fiebre y ataques de asma, por lo que teníamos que estar constantemente recurriendo al hospital los primeros dos años de su vida. O como cuando mi padre estaba muriendo de cáncer o la madre de Tim batallaba contra la diabetes, insuficiencia cardíaca y un infarto.

En medio de estas circunstancias difíciles, a veces permitimos que la preocupación y el enojo empañen el amor de Dios. Por ello necesitamos responder a las tormentas de la vida con un espíritu de fe. La preocupación hace que nos enfoquemos en las cosas terrenales. El enojo que no se aborda como es debido hace que nos enfoquemos en cómo *haremos* que las cosas vuelvan a estar bien. En ambos casos, estamos centrados en cualquier cosa, menos en Dios y su amor incondicional y eterno.

Pablo experimentó lo mismo que nosotros. Cinco veces recibió cuarenta azotes menos uno. Tres veces fue azotado con varas y tres veces naufragó. Una vez fue apedreado y pasó un día y una noche como náufrago en alta mar. Estuvo en peligro de ríos, a manos de ladrones, de sus compatriotas y de los gentiles. Estuvo en peligro en la ciudad y en peligro de parte de falsos hermanos. Padeció hambre, frío, desnudez en público, desvelo; y sin embargo, seguía amando a Dios (2 Co. 11:24-27).

Incluso con un aguijón en su carne, Pablo aprendió que la gracia de Dios es suficiente, que su poder se perfecciona en la debilidad (2 Co. 12:9).

En su aflicción, David clamó: "Me he consumido a fuerza de gemir; todas las noches inundo de llanto mi lecho, riego mi cama con mis lágrimas" (Sal. 6:6). En el mismo salmo afirma: "Jehová ha oído mi ruego; ha recibido Jehová mi oración" (v. 9).

Jeremías fue testigo de la devastación de Judá y Jerusalén y siguió percibiendo el amor de Dios: *"El gran amor del Señor nunca se acaba, y su compasión jamás se agota. Cada mañana se renuevan sus bondades; ¡muy grande es su fidelidad!"* (Lm. 3:22-23 NVI, cursivas añadidas).

La historia del comienzo de la lectura de hoy es la de Horatio G. Spafford. Él recibió un mensaje que decía: "Salvada sola". Era de su esposa, que milagrosamente sobrevivió al naufragio y llegó a Inglaterra. Después de haber perdido a sus cuatro hijas, Spafford surcó el Atlántico para encontrarse con su esposa y un antiguo amigo Dwight L. Moody (que había estado predicando en Inglaterra), y al pasar por donde había ocurrido el naufragio fue inspirado a escribir estas palabras:

> De paz inundada mi senda ya esté
> o cúbrala un mar de aflicción,
> mi suerte cualquiera que sea, diré:
> alcancé, alcancé salvación.
>
> Ya venga la prueba o me tiente Satán,
> no amengua mi fe ni mi amor;
> pues Cristo comprende mis luchas, mi afán,
> y su sangre obrará en mi favor.
>
> Feliz yo me siento al saber que Jesús,
> libróme de yugo opresor,
> quitó mi pecado, clavólo en la cruz,
> gloria demos al buen Salvador.
>
> La fe tornaráse en gran realidad
> al irse la niebla veloz,
> desciende Jesús con su gran Majestad,
> ¡aleluya! Estoy bien con mi Dios.

La pregunta no es si tendremos que atravesar tormentas, sino lo que haremos cuando estas lleguen. Job no entendía por qué estaba sufriendo, pero de todos modos mantuvo su confianza en Dios. Nuestras respuestas a las dificultades de la vida definen nuestra actitud hacia el Señor. Podemos amargarnos o podemos seguir avanzando en fe, al saber que Dios no nos someterá a más de lo que podemos soportar.

¿Te has amargado por las tormentas de la vida? ¿O has alabado a Dios en la tormenta?

Es tu turno de escribir un cántico. ¿Qué cantarás?

Vive el SUEÑO

Responde a las tormentas de la vida con fe y alaba a Dios en medio de ellas.

Preguntas para LA REFLEXIÓN

- ¿Qué tormentas te han sobrevenido últimamente? ¿Has podido sentir el amor de Dios en medio de ellas?
- ¿Cómo te ha rescatado Dios de las tormentas de tu vida?
- Escribe el coro de un cántico que le diga a Dios y a todos qué ha hecho Él por ti.

Día 4

Un amor que nunca cambia

El amor de Dios nunca cambia.
Él te ama. Tiene un plan para tu vida.
No permitas que los titulares de los periódicos te atemoricen.
Dios sigue siendo soberano; sigue estando en el trono.

BILLY GRAHAM

En medio de los cambios más difíciles de la vida, que incluyen desempleo, enfermedad, pérdida, mudanza y jubilación, puedes tener el consuelo de saber que el amor de Dios nunca cambia. Él está contigo en la oficina de desempleo, en el hospital y en el camión de la mudanza. Está contigo en la clínica de infertilidad y cuando comienzas a vivir de la jubilación. En realidad, Él no solo está *contigo*, sino está *en ti* en estos momentos. Y saber esto es maravilloso.

La próxima vez que tus circunstancias te lleven a preguntarte si Dios te ha abandonado, cierra tus ojos, respira hondo y pregúntale: *¿Qué necesito saber, hacer o pensar para poder reconocerte en esta circunstancia?* Si la respuesta no llega inmediatamente, sigue preguntándole, aunque tengas que repetirle la misma pregunta durante días, meses o años.

Dios está en ti. Su amor por ti nunca cambia. Eso es todo lo que necesitas saber para poder atravesar los cambios difíciles de la vida. Aférrate a este conocimiento. Cristo está junto a ti.

Hebreos 13:8 nos dice que "Jesucristo es el mismo ayer, y hoy, y por los siglos". Porque Él es el mismo, sabemos que su amor por nosotros también sigue siendo el mismo.

¿No es un alivio saber esto? Dios te ama. Punto. No tienes que ganarte su amor. No tienes que ser merecedora de él. Y nada de lo que hagas o hayas hecho impedirá que Dios te ame.

Qué alivio es saber que nuestras fallas no nos privarán a nosotras, nuestra familia o nuestros amigos del amor de Cristo. Nada de lo que podamos hacer cambiará sus sentimientos por nosotros. ¡Él ama incluso a aquellos que no lo conocen o no lo aman a cambio! Increíblemente, Jesús amó a los mismos que lo torturaron y lo crucificaron. Lucas 23:34 cita lo que Jesús dijo: "…Padre, perdónalos, porque no saben lo que hacen…".

No me puedo imaginar tener la fortaleza y el ánimo de poder perdonar a aquellos que me están matando. Muchas veces he podido perdonar después de un incidente, cuando más tarde me di cuenta de que la persona que me había herido en realidad estaba dolida y se recriminaba por lo que había hecho. Pero no estoy segura de si alguna vez podría tener la fortaleza de perdonar a alguien que me está haciendo daño. La capacidad de Jesús de perdonar mientras estaba siendo física y mentalmente torturado revela su verdadero carácter.

Además, Lucas nos dice que incluso cuando Jesús agonizaba suspendido en la cruz, pudo responder a uno de los que colgaba de la cruz de al lado.

> "Y uno de los malhechores que estaban colgados le injuriaba, diciendo: Si tú eres el Cristo, sálvate a ti mismo y a nosotros. Respondiendo el otro, le reprendió, diciendo: ¿Ni aun temes tú a Dios, estando en la misma condenación? Nosotros, a la verdad, justamente padecemos, porque recibimos lo que merecieron nuestros hechos; mas éste ningún mal hizo. Y dijo a Jesús: Acuérdate de mí cuando vengas en tu reino. Entonces Jesús le dijo: De cierto te digo que hoy estarás conmigo en el paraíso" (Lc. 23:39-43).

Aun cuando se estaba muriendo, Cristo manifestó su amor. Las mujeres extraordinarias conocen que este amor —amor de Dios— nunca cambia.

Si bien Él es el mimo ayer, hoy y por los siglos, aceptar su amor *nos* permite cambiar para bien. Él quiere vernos a ti y a mí madurar espiritualmente. Quiere que eliminemos de nuestra vida los hábitos perjudiciales. Anhela que tomemos tiempo para leer la Biblia y aprender más de su naturaleza. Espera que crezcamos en fe para que podamos ser más semejantes a Él y amar sin juzgar o esperar nada a cambio. Nos invita a hablar con Él más cada día, a dirigir nuestros pensamientos a Él. Quiere recibir nuestra adoración y alabanza. Más que nada, quiere ser nuestro Amigo. En Juan 15:15 nos dice: "Ya no os llamaré siervos, porque el siervo no sabe lo que hace su señor; pero os he llamado amigos, porque todas las cosas que oí de mi Padre, os las he dado a conocer".

Toma un minuto para la reflexión personal. Aunque el amor de Dios nunca cambia, ¿qué debes *tú* cambiar para poder aceptar más plenamente su amor y amistad? Es una pregunta que vale la pena hacernos.

¿Necesitas aceptarte primero a ti misma antes de aceptar el amor de Dios más plenamente?

¿Necesitas extender o aceptar el perdón (para ti misma o para los demás) antes de sumergirte en su amor?

¿Te impiden las dificultades en tus relaciones terrenales confiar en tu Padre celestial?

Una de las mejores cosas de la vida es que mañana no tiene que ser igual que hoy. Puedes aprender nuevos hábitos, despojarte de los hábitos indeseables, identificar qué te está impidiendo avanzar y hacer algo al respecto.

Si bien Jesucristo nunca cambia, tú puedes cambiar, y Él te ayudará. Saber que Dios realmente te ama incluye entender que Él quiere lo mejor para ti y está dispuesto a ayudarte a cambiar.

Cuanto más conoces a Jesucristo, más quieres ser como Él. Permite que su amor que nunca cambia, cambie tu vida.

Vive el
SUEÑO

Si bien el amor de Dios nunca cambia, Él está dispuesto a ayudarnos a cambiar.

Preguntas para
LA REFLEXIÓN

- ¿De qué manera tu certeza de que el amor de Dios nunca cambia influye en tu relación con Él?
- ¿Necesitas aceptarte a ti misma antes de poder aceptar el amor de Dios más plenamente? ¿Necesitas extender o aceptar el perdón antes de sumergirte en su amor?
- ¿Te impiden las dificultades en tus relaciones terrenales confiar en tu Padre celestial?
- ¿Te gusta la idea de que Jesús sea tu Amigo? Si no es así, ¿por qué no?

Día 5

Ángeles insólitos

Cuando los ángeles nos visitan, no escuchamos el aleteo de alas ni sentimos el suave toque del pecho de una paloma; más bien, sabemos que están presentes por el amor que producen en nuestro corazón.

Autor desconocido

¿Crees en los ángeles? Yo sí.

Una encuesta reciente descubrió que casi el 70% de los estadounidenses y el 76% de las mujeres creen que los ángeles existen.[8] En mi mente, los ángeles siempre han sido criaturas hermosas. Son inofensivas, cálidas y protectoras. Cuidan de nosotras y nuestros hijos. El Salmo 91:11 dice: "Pues a sus ángeles mandará acerca de ti, que te guarden en todos tus caminos". Me encanta esto.

A algunas mujeres, la palabra *ángel* les trae gratos recuerdos de cuando su mamá o su papá les decían que eran su "pequeño angelito". Pero es probable que muchas mujeres no piensen que realmente fueron angélicas al recordar su pasado. Somos ángeles insólitos.

En su juventud, Liz Curtis Higgs era cualquier cosa menos un ángel. Ella admite haber fumado su primer cigarrillo de marihuana en los escalones de la Estatua de la Libertad y haber buscado sentido en las drogas, el alcohol y la promiscuidad. Al viajar de ciudad en ciudad como una celebridad de la radio, una vez trabajó con Howard Stern. Él hacía el programa de la mañana; y ella hacía el de la tarde. Su vida era un desastre total, ¡ni Howard Stern la consentía e incluso la confrontaba acerca de su estilo de vida irreflexivo!

Después Dios la rescató. Ahora, como escritora y oradora cristiana, presenta más de 1.500 programas para audiencias de todos los cincuenta estados de los Estados Unidos y en Alemania, Francia, Inglaterra, Sudáfrica, el Canadá, el Ecuador, Escocia e Indonesia. Además es una autora galardonada que ha escrito veinticuatro libros que hablan del amor de Dios que cambia las vidas. Se han impreso más de tres millones de ejemplares.

En *Bad Girls of the Bible* [Mujeres malas de la Biblia], Liz escribe elocuentemente acerca de las imperfecciones de las mujeres, incluso de ella misma, y del Dios que las ama y las acepta.

- Eva dejó que su apetito se impusiera y comió del árbol que Dios les había prohibido expresamente (Gn. 3:6).
- La esposa de Potifar trató de seducir a José y después, cuando él se negó a acceder a sus insinuaciones, lo acusó falsamente de ser el agresor (Gn. 39:6-18).
- Dalila traicionó a Sansón al insistirle constantemente que le revelara la fuente de su gran fuerza y después vendió la información a sus enemigos (Jue. 16:4-21).
- Rahab, una prostituta, cooperó con los espías israelitas solo como un último recurso para evitar que ella y su familia fueran asesinados (Jos. 2:8-13).
- Los fariseos trajeron una adúltera ante Jesús, quien se negó a condenarla o permitir que alguien le arrojara una piedra como lo establecía la ley (Jn. 8:2-11).

Tal vez, al leer la lista anterior pensaste que se debería agregar tu nombre. Si es así, adelante, escribe una oración con tu nombre. Pero no te quedes estancada allí. Recuerda la libertad que tienes en Cristo.

María Magdalena recordó de dónde provenía su libertad. Dado que poseía siete demonios, era la esclava perfecta para el enemigo. (Siete se considera el número perfecto en el lenguaje griego, y desde luego, los demonios son seres malignos). Lucas 8:2 hace referencia a ella como "...María, que se llamaba Magdalena, de la que habían salido siete demonios". ¿Por qué sería ella identificada por aquello de lo que más quería ser libre? Diane Langberg sugiere que "la historia de María es el terciopelo negro sobre el cual se expone mejor el diamante de Jesús. El recuerdo de su cautividad indica la grandeza de su libertad. Recordar la oscuridad de su vida resalta su nueva vida y la luz que ahora conoce".[9]

En Deuteronomio, se les dijo muchas veces a los israelitas que recordaran de dónde provenían. El principio es el mismo para nosotras: recordar nuestra esclavitud nos recuerda a Aquel que nos ha hecho libres.

"Cristo nos libertó para que vivamos en libertad", pero lamentablemente muchas mujeres no permiten que Él las haga libres. En cambio, se sujetan nuevamente al yugo de esclavitud (Gá. 5:1). Años después de sus peores errores y decisiones imprudentes, sus recuerdos y su vergüenza todavía las atormentan. ¿Eres tú una de estas mujeres? ¡Esto no es lo que Dios quiere para ti! En cambio, Él quiere que sepas que "si confesamos nuestros pecados, él es fiel y justo para perdonar nuestros pecados, y limpiarnos de toda maldad" (1 Jn. 1:9). Y "cuanto está lejos el oriente del occidente, hizo alejar de nosotros nuestras rebeliones" (Sal. 103:12).

Nada de lo que hagas te descalifica para recibir el amor de Dios y que Dios te use.

¿Quién hubiera pensado que Dios usaría el testimonio de Liz Curtis Higgs de semejante manera? Su disposición a reconocer sus errores y juicios equivocados ha conmovido infinidad de vidas, incluso la mía, y ha animado a mujeres de todo el mundo. El testimonio de María Magdalena ha trascendido el tiempo y seguirá trascendiendo para acercar a las mujeres a Dios.

Así como debemos evitar el error de creer que nuestras fallas nos descalifican para recibir el amor de Dios, debemos también evitar el error de esperar hasta ser perfectas para buscar una relación profunda con Él. Lo necesitamos más cuando nuestra vida es un desorden y un caos. Tener que admitir el desorden de nuestra vida, por lo general, nos impide acercarnos a nuestro misericordioso Salvador. No esperes hasta ordenar el desorden de tu vida para orar. ¡Tendrías que esperar un tiempo muy largo! Richard Foster dice: "El impedimento más grande para una vida de oración activa es pensar que todo debe estar bien".

Recuerda, tú eres su hija (Gá. 4:6-7), y Él ha colocado ángeles, incluso algunos ángeles insólitos, alrededor de ti para protegerte y guardarte en todos tus caminos (Sal. 91:11).

Sé libre.

Vive el
SUEÑO

Dios te ama y puede usarte a pesar de todo lo que hayas hecho.

Preguntas para
LA REFLEXIÓN

- ¿Alguna vez has experimentado algo que te hizo pensar que había un ángel cerca? Describe el suceso.
- ¿De qué manera te ha cambiado Dios para que pueda usarte más eficazmente en el futuro?
- ¿Has hecho cosas que crees que podrían descalificarte para que Dios te use? Si es así, reconócelo y procura ser libre. Dios puede usar a cualquiera para la extensión de su reino.

Semana 3

Secretos para desarrollar relaciones significativas

Si amas a alguien, díselo.

Dios. Trabajo. Amistad. Noviazgo. Matrimonio. Familia. Padres. Compañeros de estudios. Iglesia.

La vida se basa en las relaciones. Cada una de estas relaciones demanda mucho tiempo personal, energía y corazón, y algunas relaciones en particular pueden llegar a ser de "alto mantenimiento". Todo en el mundo de hoy parece ensañarse y competir con nuestra relación con Dios y con los demás. Confiar en otros y sentirnos seguras podría ser difícil por diversas razones. Tal vez, hayas crecido sin un padre, provengas de una familia divorciada, hayas sido abusada o herida por alguien en quien confiabas, hayas atravesado una separación o estés trabajando tantas horas que te resulte difícil disponer de tiempo para desarrollar amistades cercanas.

En un mundo lleno de comunicaciones y sistemas en red, podrías pensar que de alguna manera tenemos más comunicación y nos sentimos más cercanas. Pero ¡no es así!

Un estudio reciente de mil quinientos estadounidenses revela algunos resultados que dan que pensar con respecto a nuestras relaciones. "Una cuarta parte de los estadounidenses no tiene a nadie con quien hablar de sus problemas personales, más del doble de los que se sentían así de solos en 1985. En términos generales, la cantidad de personas que los estadounidenses tienen en su círculo de amigos íntimos ha disminuido aproximadamente tres a dos".[1]

Cada vez nos necesitamos más uno al otro, no menos. Los *blogs*, los mensajes instantáneos, *Myspace*, *Facebook* y los mensajes de texto son divertidos y rápidos, pero cada uno da lugar a más tiempo en soledad y menos conversaciones profundas y significativas unos con otros. Sin embargo, cuando piensas en el pasado, todo lo que realmente importa es a quién amaste y quién te amó en la vida.

En este capítulo, descubriremos qué hace falta para desarrollar y mantener relaciones significativas.

Día 1

La enfermedad de la prisa

El síntoma más contundente de la enfermedad de la prisa es una disminución en la capacidad de amar. El amor y la prisa son prácticamente incompatibles. El amor siempre requiere tiempo, y el tiempo es una de las cosas que las personas que andan de prisa no tienen.

JOHN ORTBERG

¿Quiénes son las personas más importantes de tu vida?

En este momento, cada madre sabe si tiene una relación cercana con sus hijos; simplemente lo sabe. Cada esposa sabe si tiene una relación cercana con su esposo. Y tú sabes si tienes una relación cercana con Dios.

Cuando tenemos relaciones cercanas, la vida es maravillosa. Y cuando no las tenemos, la vida es terrible. Todas sabemos que las relaciones no se desarrollan de la nada.

"Pero es que no tengo tiempo para estar al día con todo y con todos", es lo que siempre escucho de mujeres de todos lados. ¡Y muchas veces siento lo mismo! Desarrollar relaciones cercanas requiere mucho esfuerzo, como sentirse a salvo y en confianza unos con los otros. Pero tenemos que ser cuidadosos. Cuando recibimos influencia de todas partes, podemos fácilmente brindar nuestro corazón a otras cosas y desarrollar afectos confusos. Piensa en lo siguiente:

- Los niños estadounidenses de los 2 a los 17 años de edad miran televisión un promedio de 1180 minutos por semana.

- Los padres pasan 38,5 minutos por semana manteniendo conversaciones significativas con sus hijos.[2]
- Los adultos y los adolescentes pasarán casi cinco meses (3.518 horas) mirando televisión, navegando por la Internet, leyendo los diarios y escuchando sus artefactos de música personales el próximo año.[3]
- Las horas de trabajo promedio para las personas en edad productiva se han incrementado a casi 700 horas al año en las dos últimas décadas; por lo cual la norma para el 25 al 30% del personal trabajador es terminar la jornada con elevados niveles de agotamiento emocional.[4]
- Más de la mitad de todos los consumidores, de cualquier nivel de ingresos, dice que la falta de tiempo es un problema mayor que la falta de dinero, según una encuesta en el *Yankelovich Monitor*.[5]

La falta de tiempo relacional, creo yo, es un problema espiritual. Si el maligno te quiere hacer mal, te mantendrá ocupada. Para poder amar más a los demás y amar más a Cristo, *debemos* desacelerarnos y fomentar nuestra relación con Él y con los demás. Pienso que la madre Teresa sabía esto cuando advirtió: "Hoy día todos parecen estar terriblemente apurados, ansiosos por mayores desarrollos y riquezas, etc., y los niños tienen muy poco tiempo con sus padres. Los padres tienen muy poco tiempo uno con el otro, y en el hogar comienza la perturbación de la paz del mundo".

Jesús sabía que el tiempo era un elemento esencial en las relaciones importantes. Aunque tenía muchos seguidores, seleccionó a doce para pasar tiempo con ellos y enseñarles lo que necesitaban saber para extender el evangelio después de su muerte (Mr. 6:30-32). Él se hizo tiempo para cenar con Zaqueo, un despreciado recaudador de impuestos (Lc. 19:1-10). Se acercó a un pozo para hablarle de la verdad a una mujer samaritana, aun cuando los judíos no podían relacionarse con los samaritanos (Jn. 4:1-26). Se alejaba de las multitudes para pasar tiempo a solas y hablar con Dios, su Padre (Lc. 5:16). En cada uno de estos ejemplos, Jesús invierte tiempo en otra persona y en su propia relación con Dios: la relación más importante de todas. Nosotras debemos seguir su ejemplo.

Tal vez sea necesario un cambio en la manera de pensar. En vez de pensar que "perdemos" tiempo con los demás, seríamos sabias si pensáramos que "invertimos" nuestro tiempo. La pérdida de tiempo nos resta. La inversión de tiempo nos permite obtener ganancias —en nuestra relación con los demás y viceversa—. Invertir tiempo en los demás es la clave del desarrollo de relaciones significativas.

No podemos cambiar la cantidad de horas de un día y no podemos hacer que el tiempo vaya más rápido o más lento. Pero sí podemos cambiar la manera de llenar nuestro tiempo. Pregúntate lo siguiente: cuando te sientas a hablar con otros, ¿estás realmente presente o ausente?

Jesús tomó tiempo para relacionarse con aquellos que se cruzaban en su camino. Él les brindaba a cada uno su atención completa; una buena inversión. A diferencia de mí, Jesús no corría todo el día con una agenda en una mano y un teléfono celular en la otra. No trataba de incluir a la mayor cantidad de personas y actividades en un día. Richard Swenson describe el estilo de vida de Jesús de la siguiente manera:

> Jesús nunca parecía estar apresurado... La Biblia nunca lo describe corriendo. Al parecer, Jesús creía que la rapidez produce muy poco valor espiritual o emocional duradero. Jesús sabía que el afán, la productividad y la eficiencia son palabras relacionadas con la rapidez, no con el reino. A veces son valores adecuados; pero nunca son trascendentes. Jesús sabía que la meditación, la sabiduría y la adoración han de llevarse a cabo lentamente, con suavidad y profundidad.[6]

Jesús también sabía que nuestra disposición a brindarnos a otros es lo que realmente origina relaciones significativas. ¿Por qué? Porque forja amistades leales, vínculos familiares de confianza y relaciones de amor. Pero la lealtad, la confianza y el amor solo se originan cuando nos brindamos a otros durante largo tiempo.

Los personajes bíblicos Jonatán y David sabían esto. La admiración juvenil que uno sentía por el otro derivó en una amistad que trascendió el paso del tiempo. La relación de David y Jonatán soportó la prueba de las decisiones difíciles y lealtades conflictivas. Batallaron contra la adversidad al permanecer leales a Dios y el uno al otro. Forjaron una relación de confianza y la fortalecieron. Pero todo comenzó cuando Jonatán se brindó a David: "E hicieron pacto Jonatán y David, porque él le amaba como a sí mismo. Y Jonatán se quitó el manto que llevaba, y se lo dio a David, y otras ropas suyas, hasta su espada, su arco y su talabarte" (1 S. 18:3-4).

Jonatán profesó su fidelidad a Dios en su relación con David. Integridad, verdad, intimidad y lealtad caracterizaron su amistad con David. Y aunque no estemos seguras de poder tener en la vida una amistad con alguien como Jonatán, podemos estar seguras de ser como Jonatán para con los demás.

Las amistades, los matrimonios y las relaciones familiares de valor no suceden de la noche a la mañana. La lealtad, la confianza y el amor requieren su tiempo.

No permitas que la prisa y la confusión resultante de la vida diaria te priven de tu dádiva más preciada: las relaciones.

Vive el
SUEÑO

Invertir tiempo en otros es la clave del desarrollo de relaciones significativas.

Preguntas para
LA REFLEXIÓN

- Aporta ideas y enumera en una lista maneras accesibles de relacionarte con otros.
- ¿A quién de los que has dejado de visitar hace un tiempo te gustaría hacer el esfuerzo de volver a ver o hablar?
- ¿Cuáles son los obstáculos más grandes que te impiden pasar tiempo con las personas con las que disfrutas estar, y cómo puedes vencerlos?

Día 2

El perdón

…perdonad, y seréis perdonados.
Lucas 6:37

Mientras oraba con una joven madre de dos hijos confundida y cansada, me contó con lágrimas en sus ojos su trágica historia. Me dijo sollozando: "Después de todo lo que me hizo y me dijo, y de la manera que me trató, nunca podré perdonarlo". En mi espíritu, estaba de acuerdo con ella, de modo que tuve que respirar hondo y también controlar mis sentimientos hacia su esposo.

Una cosa es cierta, no puedo culparla por lo que piensa y siente. Cuando alguien que se supone que debe amarnos nos ofende o nos hace daño intencionalmente, encontrarle sentido y perdonar es difícil. A menudo me cuesta perdonar. Sin embargo, Dios nos llama a perdonar cada día.

Tu hijo no es sincero contigo. Una amiga te traiciona. Tu jefe te falta el respeto en frente de tus compañeros de trabajo. Tu marido te miente y te engaña, y echa por la borda la confianza que tanto te costó conseguir. El resultado suele ser un intenso enojo, resentimiento, temor o una almohada empapada en lágrimas noche tras noche. Puedes llegar a enfermarte del estómago cuando la frustración, la terquedad y la amargura brotan en tu interior a causa de la ofensa.

A algunas mujeres les afecta tanto cuando les hacen daño y las ofenden que enfrentan un aluvión de emociones impredecibles que nunca sintieron antes. Otras se insensibilizan y no muestran ninguna clase de emoción. Si no tenemos cuidado, el dolor y el enojo darán lugar al resentimiento y la amargura, lo cual puede llegar a convertirse en un cáncer corrosivo, que finalmente nos destruirá si no dejamos pasar la ofensa y perdonamos.

Para que las personas y las relaciones sean saludables, es esencial el perdón.

¿Por qué? Porque el perdón siempre es nuestra responsabilidad. Para la reconciliación (que a menudo se confunde con el perdón) se requiere de los dos, el ofendido y el ofensor, y podría suceder o no. En casos de abuso y violencia, solucionar las cosas podría no ser seguro o prudente. El notable experto en la investigación sobre el perdón, el Dr. Everett Worthington, nos ayuda a entender además que "el camino del perdón es difícil. El perdón no es para débiles y cobardes. En gran medida, el poder destructivo de la falta de perdón es mucho más fácil que el esfuerzo arduo y difícil del perdón".[7]

Jesús nos enseñó mucho acerca del perdón a través de la vida de Pedro. Cuando el Señor tuvo que comparecer ante el tribunal, Pedro esperaba afuera, en la fría intemperie. La muchacha que cuidaba de la puerta lo invitó a entrar para calentarse y le preguntó: "¿No eres tú uno de sus discípulos?". Él le contestó que no.

Más tarde, mientras estaba cerca del calor del fuego, uno de los hombres que estaba con él le preguntó: "¿No eres tú uno de sus discípulos?". Y otra vez él contestó que no.

Finalmente, un hombre que se calentaba al lado de él lo confrontó aún más. "¿Tú no estabas con él en el huerto?". Por tercera y última vez, él lo negó.

Imagínate lo que sintió Pedro al ver que Jesús moría en la cruz del Calvario y al saber que había traicionado al Mesías. O ¿qué sintió Jesús al saber que uno de sus propios discípulos lo había negado igual que el resto del mundo que estaba en contra de Él? Sin embargo, Jesús se levantó de los muertos, se acercó a Pedro y lo perdonó.

Jesús nos reta a hacer lo mismo con aquellos que nos ofenden. Él dice: "Y si siete veces al día pecare contra ti, y siete veces al día volviere a ti, diciendo: Me arrepiento; perdónale" (Lc. 17:4).

¿Por qué debemos perdonar?

Primero, porque somos llamadas a hacerlo. El verdadero perdón bíblico implica poner en práctica la gracia y el perdón que recibimos de Cristo para ofrecérselos a aquellos que nos ofenden. Para que las relaciones prosperen, deben desarrollarse basadas en la capacidad de perdonar. Las relaciones saludables conocen de cerca el perdón. Segundo, el perdón hace libre al ofensor y al ofendido (Mt. 6:14-15; 18:32-33; Ef. 4:31-32; Col 3:12-13). Aunque la confianza pueda requerir tiempo, cuando buscamos y actuamos sobre la base del perdón genuinamente, damos lugar a la sanidad y colocamos el fundamento para la reconciliación en la relación. Así como nuestro Padre nos da de su gracia (1 Jn. 1:9), nosotros también deberíamos hacerlo.

A menudo escucho que las mujeres dicen: "Julie, si yo lo perdono, estoy excusando su comportamiento". No me malinterpreten: el perdón nunca excusa o tolera el continuo pecado o el comportamiento cruel. Tampoco significa mirar para otro lado e ignorar la ofensa. Antes bien, al perdonar, tú decides no guardar rencor, no vengarte y no reparar en la sinceridad de la petición.

Cuando tú perdonas, creces en amor. Fomentas la confianza. Y das lugar a la sanidad y la intimidad.

Sin perdón, no hay relaciones saludables. El *porqué* podría parecer fácil de entender; la parte del *cómo* es lo que nos cuesta imaginar.

El Dr. Everett Worthington ha diseñado una pirámide para explicar el proceso del perdón. A continuación haré una breve descripción. (Para un estudio más profundo del proceso, te animo a que obtengas su libro *Five Steps to Forgiveness: The Art and Science of Forgiving* [Los cinco pasos del perdón: El arte y la ciencia de perdonar]).

El primer paso para el perdón es recordar la ofensa en vez de negar lo que sucedió. (A propósito, la negación es a veces más fácil). Esto no significa que tengas que hacer hincapié en ser una víctima o culpar y fastidiar a la persona que te ha ofendido. Simplemente significa que reconoces que te ha ofendido.

Una vez que identificas la ofensa que te han hecho, debes intentar identificarte con la persona que te ofendió. Esto es difícil, pero trata de ponerte en su lugar. Eso te ayudará a entender la condición humana y los agentes estresantes que, en primera instancia, pudieron haber llevado a esa persona a ofenderte. Imagínate a Jesús tratando de entender por qué Pedro lo había traicionado y la presión que este estaba sintiendo en ese momento.

Cuando comiences a identificarte con el ofensor, ofrécele la compasiva dádiva del perdón. Como Worthington escribe: "¿Ha perjudicado u ofendido a un amigo, a un familiar o a su cónyuge, y después esta persona lo perdonó? Piense en la culpa que sentía. Luego piense en cómo se sintió cuando lo perdonaron. Cuando usted piensa detenidamente en ello, no puede dejar de ser bondadoso y perdonar a aquellos que lo ofendieron".[8]

Una vez que has perdonado al ofensor, díselo. Cuando lo hagas, es menos probable que cuestiones tu decisión más tarde.

Finalmente, persiste en el perdón. Cuando surja la duda, encuentra la manera de evitar que vuelva a brotar el enojo, la amargura y el resentimiento (He. 12:15). Aceptar una disculpa sincera significa que no volverás a traer a colación lo que sucedió en el pasado y exigir que te vuelvan a pedir disculpas. Respétate a ti misma, respeta tus relaciones y a aquellos que amas, intenta dejar atrás la ofensa y toma la firme decisión de forjar un futuro más sólido para la relación.

El perdón implica anular la ofensa y nunca volver a usarla como un arma en contra de la otra persona. La clave del perdón es la gracia. Cuando Dios nos perdona, anula nuestro castigo. Él es la fuente de nuestro perdón (Ef. 4:32). Así como Él perdona, nosotras también podemos perdonar.

Vive el
SUEÑO

El perdón es esencial para amar y ser amada.

Preguntas para
LA REFLEXIÓN

- ¿Aún tienes que perdonar a alguien? ¿Estás albergando amargura en tu corazón debido a la falta de perdón? ¿Qué puedes hacer para resolverlo?
- ¿Necesitas que otros te perdonen? Si es así, ¿qué pasos tienes que dar?
- ¿Cómo respondes al perdón que Dios te concede cada día? ¿Valoras realmente la gracia de Dios?

Día 3

¿Puedes escucharme ahora?

*La mejor herramienta que Dios creó para
la comunicación son tus oídos.*

Ken Davis

Nosotros, los Clinton, al parecer tenemos un millón de cosas que nos distraen en nuestro hogar. Por lo general, estamos bombardeados de conversaciones diferentes, y a menudo suceden varias cosas a la vez. Suenan los teléfonos, llegan mensajes de texto, resuenan programas de televisión… y cuando nos reunimos a comer, ¡alguien en la casa quiere tener el sonido de fondo del canal de deportes! Seguro que tu vida es igual.

Con tantas cosas al mismo tiempo, suele haber errores de comunicación. Una vez, Tim estaba en el vestíbulo de un concurrido restaurante y observaba la multitud que acudía a almorzar, mientras me buscaba por todos lados. No me pudo encontrar. Yo estaba en otro restaurante a varios kilómetros de allí, parada en el vestíbulo buscándolo a él. La noche anterior habíamos decidido almorzar juntos y lo habíamos vuelto a hablar aquella misma mañana. Pero de alguna manera, lo echamos a perder. Afortunadamente, una llamada telefónica resolvió el problema.

Los errores de comunicación en planes de almuerzo son incidentes sin importancia. Pero ¿cuántas veces durante discusiones serias o conversaciones profundas los cónyuges se ignoran totalmente o se escuchan a medias? Muchas veces. De hecho, hasta un 90% de las parejas que buscan consejería dice que los problemas de comunicación y "conversación" son la raíz del conflicto. En su libro *Margin* [Margen], Richard Swenson menciona que la mayoría de las parejas pasa un promedio de solo cuatro minutos al día manteniendo conversaciones significativas. Como una nación, estamos distraídos e incomunicados. Sin embargo, nada tiene el mayor potencial de enriquecer la intimidad y el vínculo que una comunicación eficaz y propicia.

La Biblia es bastante clara al respecto: "…Pero que cada uno sea pronto para oír, tardo para hablar, tardo para la ira" (Stg. 1:19, BLA). "Al que responde palabra antes de oír, le es fatuidad y oprobio" (Pr. 18:13).

He escuchado decir que Dios nos dio dos oídos y una sola boca con un propósito: para escuchar dos veces más de lo que hablamos. Sin embargo, si prestáramos atención, descubriríamos que la mayoría de nosotras habla al menos dos veces más (si no es más) de lo que escucha.

La comunicación implica tanto enviar como recibir mensajes. De estos dos, escuchar atentamente el mensaje que estás recibiendo podría ser el más importante.

Escuchar es una parte esencial a fin de desarrollar relaciones significativas. Cuanto más escuchamos, más fácil podemos identificar los problemas potenciales y los ámbitos de dolor y de error en la comunicación antes que lleguen a ser un problema.

Tienes dos oídos para escuchar, aunque tu esposo sea frío o indiferente, tus hijos te estén jalando de la blusa o tu amiga te llame en busca de un consejo, tarde a la noche, cuando estás cansada. Cuando los demás hablan, tenemos que dejar lo que estamos haciendo, prestar atención y escuchar.

Me pregunto acerca de mi propia capacidad para escuchar. ¿Escucho realmente con atención? ¿Finjo escuchar cuando en realidad no estoy escuchando? ¿Presto oídos, pero en realidad no escucho? ¿Me aseguro de que el contexto sea el apropiado para poder escuchar con atención a alguien que me está revelando lo que hay en su alma?

¿Has sentido a veces que alguien no te estaba escuchando? ¿Puedes recordar sentirte herida, frustrada, enojada y poco importante? ¿Has pensado alguna vez cuántas veces, sin querer, hiciste que los demás se sintieran de la misma manera? ¿Has confundido estar callada con escuchar? Yo sí. La verdad es que en ocasiones, cuando mis labios están cerrados y debería estar escuchando, mis oídos también están cerrados o mi mente está errante. No es intencional; pero sucede. Me distraigo.

No obstante, estoy cansada de las distracciones. Quiero escuchar como Dios nos escucha. "Y esta es la confianza que tenemos en él, que si pedimos alguna cosa conforme a su voluntad, él nos oye" (1 Jn. 5:14). Cuando los demás se acercan a mí, quiero que tengan la seguridad de que los escucho.

Mientras escribo, reconozco que en ocasiones esto significa apagar mi teléfono celular y la televisión. Significa hacer un alto en mis multitareas y mirar a los ojos a mis hijos, aunque se haga tarde para la cena o tenga mucha ropa recién lavada para doblar. Significa invitar a una colega a mi oficina para hablar en privado en vez de resolver el problema en los pasillos, aunque a veces sea lo más fácil. Significa dedicarles un tiempo a solas a mi esposo, mis hijos, mi madre, mi hermana y mis amigas, incluso cuando siento que me falta tiempo.

¿Cómo relacionarnos con los demás de manera que hallemos amor?

- Procura ser alguien que sepa escuchar (Stg. 1:19).
- Medita y piensa en lo que te están diciendo (Pr. 15:23).
- Sé sensible y respetuosa con tu cónyuge (Ef. 4:31; 1 P. 3:7).
- Di la verdad; pero siempre en amor (Ef. 4:15; Col. 3:9).
- No pelees o respondas enojada (Pr. 17:14; 18:7; Ef. 4:26; 1 P. 3:9).
- Confiésate y perdona cuando sea necesario (Pr. 17:9; Ef. 4:32; Stg. 5:16).

No solo debo escuchar a otras personas. Ante todo, debo escuchar a Dios. Anhelo escuchar su voz en mi corazón. Cuando lo escucho, soy más sensible a las necesidades de aquellos que me rodean y puedo escuchar con mayor atención lo que en verdad están diciendo. Cuando escucho su voz, estoy más segura de las decisiones y las medidas que debo tomar. Cuando escucho su voz, puedo descansar fácilmente, al saber que estoy envuelta en su amor (Jer. 31:3).

Señor, te ruego que abras los ojos de mi corazón para que pueda escucharte con claridad. Y también te pido que abras mis oídos para que pueda escuchar verdaderamente a aquellos que me rodean, pues sé que la fórmula del amor (escuchar) es fácil. Cumplirla es difícil.

Cuando cumplas con la fórmula del amor, sentirás que tienes una relación más estrecha con aquellos que amas.

Vive el
SUEÑO

Escuchar tiene que ver con conocer y comprender, y es al conocer y comprender que encontramos amor.

Preguntas para
LA REFLEXIÓN

- ¿A quién necesitas escuchar realmente hoy?
- ¿Te consideras una persona que sabe escuchar, que escucha lo indispensable o que no sabe escuchar?
- ¿Hay alguna persona que realmente te escuche en la vida? Si es así, ¿qué puedes aprender de su capacidad para escuchar?

Día 4

El dolor lastima… y ayuda

Dios nos susurra en nuestras alegrías, nos habla en nuestros momentos de consciencia; pero nos grita en nuestro dolor: este es el megáfono que usa para despertar a un mundo que no escucha.

C. S. Lewis

Fue inconsciente. Tal vez, ciego. Pero así fue.

Cuando era un soldado de veintidós años, Bill Wilson aceptó su primer trago. Aquel día, cuando admitió el alcohol en su vida, no pensó en su padre alcohólico que era un fracasado o en su madre negligente, quienes lo abandonaron en Vermont cuando él tenía tan solo diez años. Su padre se fue al Canadá, y su madre a Boston. La predisposición al alcoholismo permanecía oculta.

Y era fácil saber por qué. Mientras él se abría camino en las filas del ejército, llegó a ser segundo teniente y luego encontró el éxito empresarial y financiero como agente de bolsa en la ciudad de Nueva York. Bill Wilson era un líder innato y un buen trabajador. En 1918 contrajo matrimonio con una muchacha afortunada llamada Lois Burnham.

Juntos viajaron por el país en motocicleta. Eran jóvenes y vivaces, y subsistían por su éxito en los negocios. La vida era maravillosa para ellos.[9]

Pero no duró mucho tiempo. La fiesta de la vida rápidamente se convirtió en una situación apremiante y destructiva. El alcohol ya no era tan solo una dicha festiva, sino una máscara venenosa que ocultaba su depresión. Bill comenzó a ir al trabajo con resaca y a ofender verbalmente a los clientes y compañeros. En aquellos días de censura, se recluía en bares clandestinos por varios días seguidos, hasta que el amor de Lois le devolvía su sobriedad. Cuando la bolsa de valores se desplomó en 1929, Bill se desplomó también, y perdió su empleo y su departamento. Al quedarse sin nada, él y Lois se mudaron a la casa del padre de ella.

Muchas personas pueden identificarse con la situación de Bill, ya sea por su experiencia personal o porque conocen a alguien que pasó por lo mismo. Historias así son comunes. Todo el mundo tiene problemas y dolor en la vida. Lo que se hace con los problemas y el dolor diferencia al héroe de la persona común. Algunos luchan en medio del dolor, y otros se someten a sus efectos devastadores.

Para Bill Wilson, había llegado el fin; no de su matrimonio, su salud o su vida, sino de su tolerancia al alcohol. La cuarta internación de Bill en el hospital, finalmente, fue la crisis que necesitaba. Tocó fondo, y cuando llegó al fondo, buscó al Dios que nunca había conocido. Entonces se dio cuenta, por primera vez, que lo único que podría salvarlo de morir de alcoholismo era su nueva fe y hermandad.

Bill fundó Alcohólicos Anónimos en asociación con un compañero alcohólico que acababa de conocer, el Dr. Bob Smith, un cirujano de Akron, Ohio. En sus primeros cuatro años, el movimiento produjo cien alcohólicos sobrios y, en la actualidad, tiene más de dos millones de miembros.

A menudo Dios usa las partes más dolorosas de nuestra vida para sanar a otros y llevarlos a Cristo. Él es el "Dios de toda consolación, el cual nos consuela en todas nuestras tribulaciones, para que podamos también nosotros consolar a los que están en cualquier tribulación, por medio de la consolación con que nosotros somos consolados por Dios. Porque de la manera que abundan en nosotros las aflicciones de Cristo, así abunda también por el mismo Cristo nuestra consolación" (2 Co. 1:3-5).

¿Se ha acercado alguna persona a ti para consolarte en medio de tu difícil situación? Si es así, llámala y agradécele por su disposición a dejar que Dios la use para ayudarte.

¿Has usado lo que el Señor te enseñó en tu dolor para ayudar a otra persona? Si no lo has hecho, todavía estás a tiempo.

Eso es lo que hizo Bill Willson. Encontró su propia libertad al ayudar a otros. Y él sabía que la clave para una exitosa sobriedad estaba en ayudarse unos a otros; de modo que le asignó a cada compañero alcohólico una persona que lo acompañara y lo ayudara en su dolor, sus fracasos y su desmotivación.

Pero no encontró la solución hasta que conoció al Dador de la Libertad, durante su cuarta internación en el hospital.

Una de las claves para descubrir los misterios de la Palabra de Dios es clamar desde lo profundo de nuestro dolor: *¿Por qué? ¿Por qué, Señor, me has desamparado? ¿Por qué me estás haciendo esto?*

Aquellos que son salvos pasarán la eternidad en el cielo a causa del dolor: el dolor de Jesús. Él tuvo que soportarlo para salvar al mundo, y clamó: "...Dios mío, Dios mío, ¿por qué me has desamparado? (Mr. 15:34).

Tú no puedes llegar a ser como Cristo sin dolor. Ten la seguridad de que Dios puede usar tu dolor y tus decepciones de manera sorprendente, y de hecho lo hará.

Sydna Masse es una mujer extraordinaria. Ella quedó embarazada a los diecinueve años de edad cuando estudiaba en la universidad. Su novio no la respaldó y le sugirió el aborto. Pero ella no es la única. Casi la mitad de las mujeres estadounidenses ha experimentado embarazos no planeados, y según estadísticas vigentes, más de un tercio (35%) ya habrá tenido un aborto cuando llegue a los cuarenta y cinco años de edad.[10] Entre las mujeres que abortaron en los Estados Unidos, casi la mitad ya tuvo un aborto previo.[11]

Aunque parecía que el aborto era una solución fácil para el embarazo no deseado de Sydna, no fue así. Experimentó años de aflicción que comenzó con el nacimiento de su segundo hijo. Al sostener a su bebé en sus brazos, se lamentaba por aquel que nunca había llegado a sostener. Su dolor finalmente la llevó a comenzar *Ramah International*, un ministerio en contra del aborto. En la actualidad, ejerce como su Presidenta, y basándose en su propia experiencia ayuda a otras mujeres a ser libres. Ella necesitó valor para admitir la pena de su pasado, pero Dios es capaz de redimir cualquier situación.

Puede que tu mejor amiga, tu vecina, una compañera de trabajo o la mujer que está sentada junto a ti en el coro hayan tenido un aborto. O tal vez seas tú. Si aún sientes dolor por aquella decisión, independientemente de cuándo haya sido, déjame hablarte directamente a ti.

Dios es el Dador de la Libertad y quiere que *tú* experimentes libertad. Él envió a Jesús para que pudiéramos tener vida y "vida en abundancia" (Jn. 10:10). Podría ser que la carga que sigues sintiendo te sirva como una señal preventiva. Cualquier vergüenza que sientas ante la mención del aborto podría atarte, como así también las heridas emocionales que podrías tener o alguna tristeza que se filtre en tu corazón ocasionalmente. Pero esto no es lo que Dios quiere para tu vida. Puedes comenzar a ser libre en este momento. Todo lo que tienes que hacer es pedírselo. Cuando lo hagas, te animo a abrir tu corazón. Aunque Él ya conoce las circunstancias que te llevaron a tomar aquella decisión, confiésale qué sentías en ese momento, cómo te sientes ahora, cómo te afectó la decisión en el pasado y cómo te sigue afectando hoy. Luego, pídele específicamente que te haga libre de la carga que estás llevando. Confía en que Él será fiel para responder tu petición.

Piensa en estas palabras: "Antes que fuera yo humillado, descarriado andaba; mas ahora guardo tu palabra" (Sal. 119:67).

La vida de una mujer tiene varios ámbitos potenciales de dolor. Hemos visto el alcoholismo y el aborto. Pero estas son solo dos cosas que provocan dolor y decepción. No hemos tratado el abuso, la anorexia, la bulimia, la depresión, la infertilidad, otras adicciones, la promiscuidad o la infidelidad matrimonial, por nombrar solo algunas.

Aunque el dolor en la vida es abundante, la disposición de Dios de redimirte de tu dolor es infinita. ¿Le permitirás que te redima de tu dolor? Tu sanidad muy bien podría llevarte a algunas de las relaciones más significativas que jamás hayas disfrutado: "Porque el Hijo del Hombre no vino para ser servido, sino para servir, y para dar su vida en rescate por muchos" (Mr. 10:45).

Vive el
SUEÑO

Dios puede usar nuestro dolor y nuestras decepciones de manera sorprendente, y de hecho lo hace.

Preguntas para
LA REFLEXIÓN

- ¿Necesitas que Dios redima algún dolor de tu pasado? Si es así, ¿puedes confesar el dolor y comenzar el proceso con Dios?
- ¿Aliviarías tu propio dolor si lo hablaras con otra persona? Si es así, ¿con quién podrías hablar?
- ¿Cómo puedes usar tu propio dolor para ayudar a otras personas en situaciones similares?

Día 5

El poder de la influencia

*Cuanto más tiempo pasas con una persona,
más te pareces a ella.*

TIM CLINTON

El día que Tim y yo dejamos a Megan en el jardín de infantes fue realmente difícil para nosotros. Ella tenía el pelo recogido con un moño y llevaba su fiambrera en la mano. La acompañamos a sentarse en su escritorio, sacamos sus crayones, hablamos un poco con su maestra y nos despedimos de Megan.

Después nos dimos cuenta de que aquel era su primer día con alguien que realmente no conocíamos. Alguien que, de ahí en adelante, le enseñaría e influiría en ella tanto o más tiempo del que nosotros pasábamos con ella.

Aquellos con los que pasas tiempo definen e influencian tu manera de pensar, sentir, actuar y reaccionar.

¿Quién o qué te está influenciando? Tim y yo hemos trabajado arduamente para ayudar a nuestros hijos a elegir sus amistades con sabiduría, porque sabemos que la compañía ejerce mucha influencia en los jóvenes. Últimamente, he estado pensando en la importancia de, como adultos, elegir nuestras amistades con sabiduría. Aunque puede que la compañía no ejerza tanta influencia en nosotros como lo hace con nuestros hijos, tiene peso en nuestra vida. Debemos asegurarnos de que no sea un peso muerto que provoque una carga innecesaria o una influencia negativa.

Filipenses 4:8 nos dice: "Por lo demás, hermanos, todo lo que es verdadero, todo lo honesto, todo lo justo, todo lo puro, todo lo amable, todo lo que es de buen nombre; si hay virtud alguna, si algo digno de alabanza, en esto pensad".

¿Te permiten las relaciones significativas de tu vida pensar en estas cosas? ¿O te provocan preocupación, desesperación y ansiedad? Haz una lista mental de las personas cercanas a ti y pregúntate si cada una tiene una influencia positiva, negativa o neutral en tu vida. Cuando identifiques a alguien cuya influencia sea negativa, puede que estés tentada a cortar la relación con esa persona. Pero hacer esto podría hacer que pierdas la oportunidad de hablarle y de ser una influencia positiva en su vida, aunque ella sea una influencia negativa para ti. La clave es identificar a estos individuos y asegurarse de tener cuidado y mantener el equilibrio cuando estés a su lado, para que tu influencia sobre ellos sea mayor que la influencia de ellos en ti.

Déjame hablarte de una joven llamada Alicia (no es su nombre real). El verano anterior a su último año de estudios universitarios, conoció a un muchacho en un café de su ciudad. Él era seis años mayor que ella. Ella se sintió halagada cuando él le invitó a un café con leche, y después de una hora de animada conversación, le dio su número de teléfono. Él la llamó al día siguiente, de modo que ella estaba emocionada.

Los dos entablaron una relación que duró todo el verano y la mayor parte de su último año de estudios universitarios, aunque ella tuvo que regresar a su universidad que quedaba en otra ciudad. Esteban era atento, amable y considerado. Le escribía largas cartas y la llamaba diariamente. Le enviaba regalos para hacerle saber: "Estoy pensando en ti". Era una persona de agradable conversación, con un gran sentido del humor y una amplia variedad de intereses. En realidad, fue uno de los pocos pretendientes que tuvo que asistía con ella a la iglesia. Pero había solo un problema.

Alicia quería ser virgen hasta su noche de boda, pero Esteban la presionaba para que tuvieran relaciones sexuales. Ella comenzó a tener temor de verlo, porque sabía que la batalla sería la misma. Después de algunos besos apasionados, tendría que luchar para apartarlo una vez más de ella y responder la pregunta que él le hacía cada vez que ella se resistía a sus insinuaciones: "¿No me amas?". Alicia trataba de explicarle que sí y le pedía que considerara sus acciones como prueba de ello: respondía a sus llamados, contestaba sus cartas y viajaba a su ciudad para verlo cada vez que podía.

Sin embargo, no era suficiente. Esteban le dio un ultimátum: que se acostara con él "o si no…".

Alicia decidió "o si no", y la relación terminó. Sin embargo, su influencia en la vida de Esteban no. Un mes después de la ruptura de su relación, ella supo, por su hermano, que Esteban seguía asistiendo a la iglesia con su familia, mientras ella estaba ausente. Dos meses más tarde, él recibió a Cristo en su corazón, se convirtió y fue bautizado.

Aunque era demasiado tarde para su relación con Alicia, no fue demasiado tarde para Esteban. Él había sido influenciado por su fe, la cual finalmente lo llevó a encontrar su propia creencia en Dios.

Esta historia me interesa por dos motivos. Primero, Alicia se dio cuenta de que aunque Esteban tenía mucho para ofrecer en la relación de ellos, finalmente su presencia en su vida la estaba influenciando negativamente. Por eso, por su propio bien, terminó con la relación. Tú y yo podríamos tener que tomar una decisión similar en algún momento de nuestra vida; tal vez más de una vez. Proverbios 27:12 (NVI) dice: "El prudente ve el peligro y lo evita; el inexperto sigue adelante y sufre las consecuencias". Debemos ser prudentes cuando vemos el peligro en nuestra relación.

Terminar con una relación negativa es difícil. Pero deshacer el daño que esta podría causar, por lo general, es más difícil. En consecuencia, para disfrutar una relación significativa, debemos ser sabias al elegir con quién pasamos nuestro tiempo.

La segunda razón por la que conté esta historia es que, aunque Esteban no era una buena influencia para Alicia, ella fue una buena influencia para él. Si ella no hubiera pasado tiempo con él, no lo habría llevado a la fe en Cristo. Nuestras relaciones también son así. No sabemos quién llegará a la fe o cuándo, dónde o por qué. No podemos forzar la fe en la vida de otra persona; pero simplemente debemos estar dispuestas a dar a conocer nuestra propia historia de fe y responder cualquier pregunta resultante. Dios se encargará del resto.

Después de identificar las influencias negativas en nuestra vida, debemos dar un paso más y preguntarnos si vale la pena seguir con la relación, a juzgar por la buena influencia que podamos haber ejercido hasta ese momento.

Todos enfrentamos tiempos cuando nuestras relaciones se salen de sus cabales, cuando sabemos que afectarán negativamente nuestra propia vida. A continuación encontrarás algunos principios básicos que te ayudarán a analizar tus relaciones actuales.

Sé sincera contigo misma. Sin duda, podemos ignorar algunas situaciones y circunstancias en esta vida. Busca una perspectiva de alguien ajeno si lo necesitas.

Determina el nivel de la influencia de los demás. ¿Estás mucho más enojada? ¿Más crítica? ¿Más negativa? ¿Eres transigente con cosas en las que solías ser firme? ¿Ha cambiado tu comportamiento? ¿Estás tratando a los demás de manera diferente?

Evalúa la relación según Gálatas 5:22. ¿Refleja el fruto del Espíritu Santo (amor, gozo, paz, paciencia, benignidad, bondad, fe, mansedumbre y templanza)?

Cuanto más tiempo pases con una persona, más te parecerás a ella. Al evaluar tus relaciones terrenales, recuerda que todos necesitamos pasar más tiempo en la presencia de nuestro Padre celestial.

Vive el
SUEÑO

Se requiere sabiduría a la hora de decidir con quién pasar nuestro tiempo, para mantener una relación significativa.

Preguntas para
LA REFLEXIÓN

- ¿Quién es una influencia negativa en tu vida en este momento? (¡Sé sincera!)
- ¿Estás influenciando de manera negativa en otra persona? Si es así, ¿qué puedes hacer para cambiar tu influencia?
- ¿Cómo puedes descansar más en Dios con respecto a tus relaciones?

Semana 4

Secretos para manejar la testosterona

Dios creó al hombre antes que a la mujer, pero por otro lado, siempre se hace un boceto antes de crear la obra maestra final.

Menstruación. Menopausia. Enfermedad mental. ¿Has notado que la mayoría de los problemas que tenemos en la vida comienzan con "men"? [N. de T.: *men* = hombres, en inglés].

Escuché esta broma hace algunos años y no pude contener la risa. El sentimiento universal de las mujeres hacia los hombres parece ser: "¡No se puede vivir con ellos; no se puede vivir sin ellos!". Piensa en esto. Al parecer, ¡los hombres que más amamos son los que nos vuelven locas! Pero por otro lado, ¿dónde estaríamos sin la influencia, la atención, el amor y la protección de nuestros padres, esposos, hermanos e hijos?

Puede que los hombres sean un verdadero problema para ti. Puede que estés enojada, decepcionada o incluso distanciada de los hombres por completo. Las estadísticas muestran que una de cada tres mujeres que lean este libro será física o sexualmente abusada por un esposo o novio en algún momento de su vida.[1] Esto no incluye los niños que han sido víctimas de negligencia o abuso físico, sexual o emocional por parte de sus padres.

Todos fuimos creados a imagen de Dios, tanto el hombre como la mujer (Gn. 1:27). Él nos diseñó a ambos con un propósito: la relación.

De hecho, sobre lo único que Dios dijo: "No es bueno" en los primeros dos capítulos de la Biblia, fue que el hombre estuviera solo. Sin la mujer, el plan de Dios para el hombre no estaba completo. Él necesitaba una ayuda, alguien que lo apoyara; de modo que Dios sugirió una "ayuda idónea para él" (Gn. 2:18). La palabra hebrea para "ayuda idónea" podría sorprenderte: literalmente significa "opuesta". Significa que fuiste creada para estar al lado y complementar al hombre de tu vida. No para ser como él, no para ser inferior o superior a él, ni siquiera para ser igual que él, sino para complementarlo. Este es el plan de Dios.

Este capítulo aborda el designio divino para la relación con los hombres de tu vida. Identificaremos las diferencias entre los hombres y las mujeres —que a menudo impiden una relación satisfactoria—, hablaremos de sexo y nos centraremos en las barreras relacionales y en cómo superarlas.

Día 1

Saca provecho de las diferencias

Por lo demás, cada uno de vosotros ame también a su mujer como a sí mismo; y la mujer respete a su marido.

Efesios 5:33

En *Los hombres son como los waffles, las mujeres, como los espaguetis*, Bill y Pam Farrel describen la manera de pensar de los hombres y las mujeres.

Los hombres son como los *waffles*
No queremos decir que los hombres son como los *waffles* en todas las decisiones y que generalmente son inestables. Sino que los hombres procesan la vida en casillas. Si observas un *waffle*, podrás ver varias casillas separadas por barreras. Las casillas están todas separadas una de la otra y forman un lugar práctico de contención. Es así como el hombre normalmente procesa la vida. La manera de pensar de los hombres está dividida en casillas que tienen espacio para un asunto a la vez. El primer asunto en la vida va en la primera casilla, el segundo asunto va en la segunda casilla y así sucesivamente. El hombre típico vive en una casilla a la vez. Cuando el hombre está en el trabajo, está en el trabajo. Cuando está en el garaje arreglando algunas cosas, está en el garaje. Cuando está mirando televisión, simplemente está mirando televisión. Por eso, parece que está en un trance e ignora todo lo

que está sucediendo a su alrededor. Los sociólogos denominan esto "compartimentación"; es decir, el hecho de colocar la vida y las responsabilidades en diferentes compartimentos...

Las mujeres son como los espaguetis
A diferencia de los hombres, que tienen un enfoque de la vida parecido a los *waffles*, las mujeres procesan la vida como un plato de pasta. Si observas un plato de pasta, notarás que hay muchos espaguetis individuales que se tocan uno con el otro. Si intentas seguir uno de los espaguetis por el plato, te cruzarás con muchos otros, e incluso podrías estar siguiendo otro espagueti sin darte cuenta. Es así como las mujeres abordan la vida. Cada pensamiento y cada asunto, de alguna manera, están relacionados con otros pensamientos y otros asuntos. Para las mujeres, la vida es mucho más un proceso que para los hombres.

Por eso las mujeres normalmente son mejores que los hombres para la ejecución de varias tareas al mismo tiempo. La mujer puede hablar por teléfono, preparar la comida, hacer la lista de compras, programar la agenda para la reunión de negocios del día siguiente, dar instrucciones a sus hijos cuando salen a jugar y cerrar la puerta con el pie sin que le tiemble el pulso. Dado que todos sus pensamientos, todas sus emociones y sus convicciones están relacionados, puede procesar más información y seguir la pista de más actividades.[2]

Espaguetis y *waffles*. Es una manera descabellada de describir una verdad muy importante: los hombres y las mujeres simplemente son diferentes. Es como el antiguo "yo Tarzán, tú Jane" que aprendimos cuando éramos niñas. A pesar de las diferencias, Tarzán y Jane encontraron una manera de balancearse juntos graciosamente por las lianas de los árboles. Cuanto más rápido aprendamos a hacer que nos suceda esta magia, más pacíficas serán las cosas en nuestro hogar.

Para Carlos y Carolina, los primeros seis meses de matrimonio fueron excepcionalmente fáciles y sin problemas. Después, las exigencias de su jefe de cumplir con una importante fecha límite fiscal hicieron que Carlos tuviera que quedarse en el trabajo hasta altas horas de la noche, mientras Carolina se quedaba sola en casa. A medida que el trabajo le absorbía más tiempo a Carlos, ella comenzó a sentirse cada vez menos importante. Carlos sabía que la fecha límite pronto pasaría, y las cosas volverían a la normalidad. Pero ella ya se había frustrado y sentía que él no estaba haciendo nada por suplir sus necesidades. Muchas veces se quedaban dormidos mientras discutían por pequeñeces o en un silencio ensordecedor.

El día que se cumplió la fecha límite fiscal, él salió temprano del trabajo y llegó a casa con una caja de chocolates, una lencería nueva y un ramo de flores. Para él, esto hubiera sido el final de la pelea. Mientras él atravesaba la puerta con los regalos en sus manos, ella lo recibió con una mirada desagradable. El mensaje que ella recibió era que todo lo que él quería era sexo. Y además, se sentía sola. Por el otro lado, él se sintió rechazado y sintió que nada de lo que hacía podía complacerla; de modo que se recluyó en el garaje a arreglar su automóvil.

La mayoría de nosotras se puede identificar con esta historia de dos personas que se aman genuinamente una a la otra y quieren relacionarse, pero no pueden. Carolina quería pasar más tiempo con su esposo y malinterpretó sus regalos. Él se sintió rechazado.

¿Por qué no podemos entendernos bien con el hombre que amamos?

Creo que es porque somos literalmente opuestos. Las mujeres fueron creadas para apoyar a su marido, y los hombres para proteger a su mujer. Fuimos creados para complementarnos y apoyarnos uno al otro. Dado que fuimos creados con propósitos diferentes, tenemos necesidades diferentes.

El Dr. Willard F. Harley h., en su libro *Lo que él necesita, lo que ella necesita*, describe algunas de las diferencias más importantes:

- Ella no puede vivir sin afecto.
- Él no puede vivir sin satisfacción sexual.
- Ella necesita que él le hable y mantenga conversaciones con ella.
- Él necesita que ella sea su compañera y haga cosas con él.
- Ella necesita confiar en él totalmente. La sinceridad y la confianza son decisivas para la relación.

- Él necesita una esposa atractiva. (Esto significa que deberías cuidar de tu apariencia y estar bonita para él).
- Ella necesita estabilidad y sostén financiero.
- Él necesita paz y quietud en el hogar.
- Ella necesita que él sea un buen padre y esté comprometido con la familia.
- Él necesita que ella esté orgullosa de él.[3]

Piensa en esta lista por un momento. Observa la cantidad de necesidades diametralmente opuestas entre los hombres y las mujeres. Él necesita paz y quietud en el hogar; ella necesita conversación. No es de asombrarse que discutas con tu esposo cuando él no quiere hablar. Él no te está dando lo que tú necesitas. Y él, a su vez, se siente agraviado porque no lo dejas solo.

Él necesita satisfacción sexual para relacionarse emocionalmente. Tú necesitas afecto a fin de desearlo sexualmente. Pero si, en principio, no sientes que tienes una relación íntima con él, entonces él se queda sin nada.

Sin embargo, observa la lista otra vez. Su manera de fomentar la intimidad y los sentimientos de cercanía es hacer cosas contigo. Llevarte de pesca, de caminata o a una actividad deportiva. Cuando tú rechazas su invitación, lo que él siente es similar a lo que tú sientes cuando él rechaza tu invitación a una cena romántica y una película de amor.

Él necesita que tú lo respetes. Pablo le dijo a la iglesia de Éfeso: "Maridos, amad a vuestras mujeres... y la mujer respete a su marido" (Ef. 5:25, 33). Según Emerson Eggerichs en su libro *Amor y respeto*, en ninguna parte de la Biblia se dice a las esposas que amen a sus esposos; se les dice que los *respeten*. Tu esposo necesita saber que estás orgullosa de él. La dimensión con la que te sientes amada es la dimensión con la que él se siente respetado. Respeta a tu marido, y seguramente él te dará el amor que necesitas.

Shaunti Feldhahn, autora de *Solo para mujeres*, me dijo que "las mujeres, por lo general, respetamos a nuestro marido y no tenemos idea de que estamos todo el tiempo haciendo cosas que le transmiten el mensaje opuesto. No nos damos cuenta de que cuando hacemos algo tan simple como decir: 'Cariño, por favor no sigas conduciendo;

pregúntale a alguien cómo llegar', o 'No trates de arreglar eso. Mejor llamemos a un plomero'; en realidad lo que él escucha es: 'No confío en ti', o 'No creo en ti'".[4] En otras palabras, no siempre nos damos cuenta de que nuestras palabras y acciones están haciendo que nuestro marido no se sienta amado porque no se siente respetado.

En tus intentos por amarlo y respetarlo, ten en cuenta que él es diferente a ti. "Por tanto, recibíos los unos a los otros, como también Cristo nos recibió, para gloria de Dios" (Ro. 15:7). No siempre es fácil, pero a fin de cuentas es la clave para tener éxito en el matrimonio y en la vida.

No puedes solucionar un problema que no ves. Hablar de las necesidades con confianza y sinceridad uno con el otro les hará ver las diferencias entre ambos. Cuando comprendan las diferencias, podrán experimentarlas y verlas de una manera completamente nueva. Cuando lo logres, tus intentos por amarlo dejarán de ser en vano. Y cuando él te comprenda mejor, su interés te hará sentir amada.

Vive el SUEÑO

Comprender y responder a las necesidades de tu marido da lugar a la intimidad y a la relación que tanto anhelas.

Preguntas para LA REFLEXIÓN

- ¿Cuál es la lección más grande que has aprendido con respecto al hombre de tu vida?
- Sobre la base de lo que has aprendido en esta lección, ¿qué pasos debes dar para que tu relación sea más significativa?
- ¿De qué manera has malinterpretado las acciones y necesidades de tu esposo en el pasado?

Día 2

No trates de cambiar a tu esposo

Todo lo hizo hermoso en su tiempo...
Eclesiastés 3:11

Tim y yo tuvimos un mal comienzo en nuestro matrimonio. No nos comunicábamos bien. Ahora que lo recuerdo, había muchas cosas que no hacíamos bien. Y, por supuesto, todo era culpa de él.

Fue así como empecé a tratar de cambiarlo. Y para mi sorpresa y desilusión, ¡nada dio resultado!

Sinceramente, a veces éramos bastante odiosos en la manera de hablarnos uno al otro. Gran parte se debía a nuestra juventud e inmadurez. Y otra parte, a nuestras circunstancias. Ambos estudiábamos y trabajábamos jornada completa. No teníamos mucho tiempo para estar juntos y, cuando estábamos juntos, nos enfocábamos en nuestras diferencias, de modo que el conflicto se intensificaba. Y no nos estábamos comunicando lo que necesitábamos.

En realidad, en determinado momento, nos separamos. Tim estaba en la reserva militar y tuvo que irse de la ciudad para cumplir con un compromiso de entrenamiento. Guardamos nuestras cosas en una bodega de almacenamiento, y yo volví a Montana. Cuando miro atrás, me doy cuenta de que podría haber sido el final de nuestro matrimonio. Estoy muy agradecida de que no lo fue.

Después del entrenamiento, Tim llamó a mi papá y le dijo que haría todo lo que hiciera falta para que nuestro matrimonio funcionara. Sé que tuvo que haber sido difícil para él hacer esto. Manejó treinta y seis horas desde Virginia hasta Montana para verme. Mientras pasaba por Dakota del Sur, estaba tan cansado que sacó la cabeza por la ventanilla para seguir manejando. Cuando llegó, decidimos que el divorcio no era una opción para nosotros y nunca lo será.

Yo también tomé una decisión importante. A pesar de mi tendencia dominante y perfeccionista, decidí que no me correspondía a mí cambiar a Tim. Era tarea de él y de Dios. Mi tarea era trabajar en mis propios cambios. La verdad es que la única persona que puedes cambiar es tú misma. Jesús lo expresó de manera muy directa:

"No juzguéis, para que no seáis juzgados. Porque con el juicio con que juzgáis, seréis juzgados, y con la medida con que medís, os será medido. ¿Y por qué miras la paja que está en el ojo de tu hermano, y no echas de ver la viga que está en tu propio ojo? ¿O cómo dirás a tu hermano: Déjame sacar la paja de tu ojo, y he aquí la viga en el ojo tuyo? ¡Hipócrita! saca primero la viga de tu propio ojo, y entonces verás bien para sacar la paja del ojo de tu hermano" (Mt. 7:1-5).

Una ley de la física dice: "Por cada acción hay una reacción igual y opuesta". Lo mismo sucede con la conducta humana. Tu manera de tratar a las personas provoca cierta clase de reacción de su parte.

Para tener una relación satisfactoria con otra persona, debes estar dispuesta a hacer dos cosas: primero, debes estar dispuesta a explicarle clara y amablemente a la otra persona qué te molesta de ella. Luego, si decide no cambiar su conducta, debes alejarte de la situación o cambiar tu respuesta hacia su conducta. Es así de simple y complicado a la vez. Para poder cambiar a un hombre, primero debes cambiar tú. Cuando tú cambies, él también cambiará.

Cuando dejé de fastidiar a Tim, él comenzó a relajarse un poco más. Cuando dejé de reprocharle cosas, él comenzó a escucharme más atentamente. Cuando dejé de quejarme, y en cambio comencé a elogiarlo, Tim comenzó a madurar como esposo; pero yo tuve que cambiar primero mi propia conducta.

Sé que podrías estar cansada de dar siempre y no recibir. No estoy hablando de consentir con la maldad, sino de examinarse y preguntarse si uno ha desarrollado patrones negativos propios. ¿Has caído en un estilo de vida mundano y complaciente? ¿Has dejado de hacer cosas que antes solías hacer? ¿Necesitas que te motiven?

Quiero terminar con lo más importante que puedes hacer para cambiar a tu marido: ora por él. "Y esta es la confianza que tenemos en él, que si pedimos alguna cosa conforme a su voluntad, él nos oye. Y si sabemos que él nos oye en cualquiera cosa que pidamos, sabemos que tenemos las peticiones que le hayamos hecho" (1 Jn. 5:14-15).

La única persona que puede cambiar a tu marido es el Espíritu Santo. Y ya sabemos que el Espíritu Santo "...conforme a la voluntad de Dios intercede por los santos" (Ro. 8:27).

De modo que en vez de hostigarlo por su personalidad, ora por él. Después, toma la acción necesaria en tu propia vida que mejore tu personalidad, tu salud física y tu bienestar emocional y espiritual. Cuando lo hagas, podrías llegar a sorprenderte de cómo tu cambio personal puede hacer que él cambie.

Aprender esta lección me ayudó a salvar mi matrimonio.

Vive el
SUEÑO

No puedes cambiar a tu esposo. Pero puedes cambiar tú misma.

Preguntas para
LA REFLEXIÓN

- ¿Estás esperando poder cambiar al hombre de tu vida? Si es así, ¿qué puedes hacer para que tu enfoque sea cambiar tú misma y no cambiarlo a él?
- ¿Qué ámbitos de tu vida necesitas comenzar a cambiar que podrían hacer que tu esposo madure?
- ¿Eres culpable de fastidiarlo, gritarle y quejarte de él? Si es así, ¿con qué puedes reemplazar estas técnicas ineficaces?

Día 3

Sigue al lado de tu esposo

*He aquí que yo soy Jehová, Dios de toda carne;
¿habrá algo que sea difícil para mí?*

JEREMÍAS 32:27

Roxanne Gardner nunca se imaginó que su esposo, una vez campeón de lucha libre, un día quedaría paralizado desde el tórax hasta los pies.

Tamara Carlson (no es su nombre real) no se imaginaba que un coche bomba en Irak heriría gravemente y desfiguraría a Tadeo, su prometido.

Silvia Amberlain (tampoco es su nombre real) no tenía idea de que el "trabajo extra" que supuestamente estaba realizando su esposo era en realidad una pantalla para encubrir una aventura extramatrimonial de la crisis de los cuarenta.

El dolor y la adversidad pueden fácilmente despojarnos de la energía y desgarrarnos el corazón. Estas tres mujeres tuvieron que atravesar circunstancias difíciles, y las tres tomaron la valiente decisión de seguir al lado de su esposo, pues saben dos cosas importantes acerca de su relación y la adversidad: quiénes son y hacia dónde van. Cada una sabe, primero, que con su esposo "…no son ya más dos, sino una sola carne…" (Mt. 19:6). Y segundo, saben acercarse "…confiadamente al trono de la gracia para recibir misericordia… en el momento que más la [necesitan]" (He. 4:16, NVI). Sorprendidas por las tormentas de la vida, ahora ofrecen esperanza y aliento a mujeres con problemas relacionales.

Para Greg y Roxanne Gardner, la mañana del 11 de enero comenzó como cualquier otro día. Pero no terminó de la misma manera. Aquella extraña mañana brumosa, Greg salió a correr. Mientras estaba corriendo, un automóvil lo atropelló, y lo tuvieron que llevar en ambulancia al hospital con una pierna quebrada. Pero su condición continuó empeorando, y al final del día había quedado paralizado desde el tórax hasta los pies.

Mientras Roxanne luchaba por asimilar la noticia, tuvo que asumir la difícil tarea de decirles a sus tres hijas que era posible que su papá nunca volviera a caminar. Después comenzó la difícil tarea de aprender todo lo necesario para cuidar de su esposo. Tuvo que encargarse de renovar su casa de dos pisos a fin de adecuarla a la silla de ruedas de él, y aprendió a estar pendiente de cualquier complicación peligrosa de su lesión.

Roxanne recuerda su primer intento infructuoso de ayudar a Greg a pasar de su silla de ruedas a la cama. Seguro de que ella podría sostenerlo, aunque la sobrepasaba en peso, él le pidió que lo ayudara a acostarse. Roxanne se desesperó cuando no pudo sostenerlo y se cayó al piso entre la silla y la cama, sin poder moverse. Entonces, ella entró en pánico. *¿Cómo voy a levantarlo?*, recuerda que pensó. Sin desanimarse, Greg le recordó que había dos trabajadores que estaban renovando su casa, y con calma le pidió que fuera a buscarlos para que lo ayudaran. Aquella fue la primera de varias experiencias que hicieron que Roxanne adoptara una nueva manera de pensar. Ahora su mantra es: "Yo puedo hacerlo y lo haré".

El mantra de Tamara Carlson es el mismo. Su esposo Tadeo es uno de los veinte mil soldados heridos en Irak. Cuando un coche bomba neutralizó su camión, Tadeo se vio envuelto en llamas y quedó ciego de un ojo. Su cráneo se astilló, y su cerebro se llenó de esquirlas. Posteriormente, los doctores le cortaron el brazo derecho a la altura del codo y tres dedos de su mano izquierda. Además, a raíz de las quemaduras, Tadeo quedó desfigurado e irreconocible, al perder sus orejas, sus labios y la mayor parte de su nariz.

Cuando Tamara se enteró de las lesiones sufridas por su, entonces, prometido, voló desde su hogar hasta el centro médico militar con una maleta con ropa para una semana; pero se quedó a vivir allí más de un año.

Tuvo que aprender a ayudarlo con los cambios de ropa, la alimentación y la higiene personal. Aunque Tadeo puede cuidarse de sí mismo, ella le sigue abrochando sus pantalones, porque eso es lo único que él no puede hacer.

Ahora ya instalados en el hogar que Tadeo compró antes de partir a Irak, la pareja está navegando las aguas turbulentas del primer año de matrimonio. Tadeo recibió una pensión médica, y Tamara sigue con sus estudios. Juntos miran el futuro con la esperanza de que lo peor haya quedado atrás.

Silvia Amberlain no se inquietó cuando su esposo comenzó a trabajar horas extras. Su empleo siempre había requerido un cambio de horas de trabajo según la temporada. Pero cuando una amiga le contó cómo se había dado cuenta de las aventuras amorosas de su propio esposo, Silvia comenzó a tener sospechas. Entonces le contó a su marido la conversación que había tenido con su amiga, y quedó desolada cuando él le confesó su aventura amorosa.

Hasta ese momento, su matrimonio había sido un matrimonio fuerte; o así pensaba ella. Silvia y su esposo eran sumamente compatibles y disfrutaban de la compañía mutua. Pasaban tiempo con sus hijos y un amplio círculo de amigos, se interesaban por las mismas cosas y se habían ayudado a superar la muerte de cada uno de sus padres. Sin embargo, el vínculo no fue suficientemente fuerte para sostener el matrimonio cuando una compañera de trabajo comenzó a acosar a su esposo con insistencia. Aunque le carcomía la culpa, él terminó por responder a sus coqueteos y, al poco tiempo, comenzó a planear encuentros clandestinos alrededor de las actividades deportivas de sus hijos.

Cuando Silvia se enteró de la verdad, quiso echarlo de la casa. Pero ella sabía que su respuesta estaría determinando el futuro de su matrimonio o la falta de este. En desesperación, se encerró en el baño y se arrodilló sobre aquel piso frío. Entre sollozos, clamó a Dios y le pidió que le diera su sabiduría y dirección. Casi inmediatamente, la inundó una misteriosa paz. Aunque su reacción inicial fue pensar que su matrimonio se había terminado, se dio cuenta de que tenía que tomar una decisión. Podía dejar que las circunstancias actuales deshicieran una relación con veintiséis años de historia, o podía trabajar para salvarla.

Aunque Silvia estaba profundamente herida, y su autoestima había sido sacudida, cuando su esposo le pidió perdón y una segunda oportunidad, ella accedió. Él terminó con la aventura amorosa e inmediatamente comenzó a buscar otro empleo para evitar futuras tentaciones. Procedió a rendirle cuentas a Silvia y a dejarle ver su teléfono celular y las cuentas de los mensajes de texto cada mes para asegurarle que la aventura amorosa había terminado. Además, cada noche llegaba a casa inmediatamente después del trabajo y se llevaba trabajo a casa cuando era necesario; pero nunca volvió a quedarse hasta tarde en la oficina. Su disposición a aceptar la responsabilidad de sus acciones y a trabajar para volver a ganarse la confianza de Silvia hizo que ella pudiera perdonarlo. Recientemente, al hablar con una amiga, ella dijo: "Ambos nos dimos cuenta de lo que casi perdemos, y ahora las cosas entre nosotros son mejores que nunca".

Circunstancias difíciles, que pueden cambiar la vida. Tener un valor extraordinario. Estas tres mujeres se dieron cuenta de que, aunque la vida las estaba probando de una manera que nunca habían imaginado, podían decidir de qué manera iban a responder, y su manera de responder determinaría el curso de sus vidas.

Ya sea que estés atravesando circunstancias difíciles o no, ser capaz de decidir y tener valor es una combinación que todas las mujeres extraordinarias ejercen sabiamente. Los problemas en sí no son los verdaderos problemas de la vida; sino que lo que decidimos hacer con estos determinará nuestro futuro. Cuando las tormentas de la vida arrecien, busca a Cristo con todo tu corazón, y Él te ayudará a llegar sana y salva al hogar.

Vive el
SUEÑO

*Las circunstancias extraordinariamente difíciles
requieren de un valor extraordinario.*

Preguntas para
LA REFLEXIÓN

- ¿Qué circunstancias, que no esperabas, has tenido que afrontar en tu relación?
- ¿Qué decisiones difíciles has tenido que tomar a fin de preservar y continuar con esa relación?
- ¿De qué manera te han motivado las historias de las mujeres en la lectura de hoy?

Día 4

Tu esposo hambriento de sexo

Todo aquel que piense que la manera de ganarse el corazón de un hombre es a través de su estómago, reprobó geografía.

ROBERT BYRNE

El sexo para los hombres es como el oxígeno para las mujeres. Puede que esto no sea una sorpresa para ti, pero lo que podría sorprenderte es *por qué* el sexo es como el oxígeno para él. Suponemos que los hombres se benefician físicamente de un acto, del cual las mujeres tienden a beneficiarse más emocionalmente; pero estudios recientes revelan que el sexo satisface fuertes necesidades emocionales para los hombres también.

Shaunti Feldhahn entrevistó a más de mil hombres antes de escribir su libro *Solo para mujeres*. Aunque no le causó ninguna sorpresa que las entrevistas revelaran que los hombres deseaban más relaciones sexuales, se sorprendió de la razón.

> Los hombres desean más relaciones sexuales de las que tienen. Y no solo eso, sino que creen que las mujeres que los aman *no parecen darse cuenta de que ello sea una crisis*; no solo para el hombre, sino para la relación… Para tu esposo, el sexo es más que simplemente una necesidad física. La falta de sexo es tan grave emocionalmente para él, como lo sería para ti, digamos, un silencio repentino de parte de él, si dejara simplemente de comunicarse contigo.

Es tan ofensivo para él, como un legítimo agravio; e igual de peligroso para tu matrimonio.[5]

El sexo es tan poderoso emocionalmente para los hombres como lo es para las mujeres, pero por motivos diferentes. La mujer quiere sentirse cerca del hombre *antes de la relación sexual*; pero el hombre se siente cerca de la mujer *durante la relación sexual*. Presta atención a la diferencia. Muchas parejas tienen problemas para relacionarse sexualmente por este motivo. Cuando no se entienden sexualmente uno al otro, corren el riesgo muy alto de no relacionarse emocionalmente. Y lo que podría darle sabor a tu relación se transforma en un campo de batalla y en un juego de poder donde él siempre está llevando la cuenta: "Hace tres semanas que no tenemos relaciones sexuales".

Pero debes entender que para él, el sexo es como el oxígeno en la relación. No puede respirar sin él.

Puede que pienses que no se lo merece. Puede que pienses: *Él no satisface mis necesidades, ¿por qué tendría yo que satisfacer las de él? No puedo hacer de todo en esta casa y satisfacer sus necesidades también. No tengo suficiente tiempo o energía.*

Aquí es donde creo que todos necesitamos respirar hondo. El apóstol Pablo es bastante directo en 1 Corintios 7:2-5:

"Pero a causa de las fornicaciones, cada uno tenga su propia mujer, y cada una tenga su propio marido. El marido cumpla con la mujer el deber conyugal, y asimismo la mujer con el marido. La mujer no tiene potestad sobre su propio cuerpo, sino el marido; ni tampoco tiene el marido potestad sobre su propio cuerpo, sino la mujer. No os neguéis el uno al otro, a no ser por algún tiempo de mutuo consentimiento, para ocuparos sosegadamente en la oración; y volved a juntaros en uno, para que no os tiente Satanás a causa de vuestra incontinencia".

¿Realmente significa tanto el sexo para el hombre? El psicólogo Kevin Leman piensa que sí. No pude contener la risa cuando leí la siguiente lista, y puede que tú tampoco.

- Un esposo sexualmente satisfecho hará cualquier cosa para ti.
- Un esposo sexualmente satisfecho es un mandato bíblico.
- Un esposo sexualmente satisfecho se sentirá bien consigo mismo.
- Un esposo sexualmente satisfecho asumirá su vida laboral con una fuerza y una voluntad sin iguales.
- Un esposo sexualmente satisfecho valora las cosas importantes de la vida.[6]

Seamos sinceros aquí, Kevin. Cuando un hombre está sexualmente satisfecho, es más probable que satisfaga las necesidades de su esposa, pero esto no significa que siempre lo hará. (Una cosa es segura, ¡al menos dormirá mejor!).

Pero tengo que ser franca: este es un acuerdo de beneficio mutuo. Cuando papito está alegre o si papito piensa que va a tener una alegría, las cosas tienden a resolverse mucho más rápido en la casa. Muchas mujeres cometen el error de esperar hasta que las cosas estén "bien" en su matrimonio para tener relaciones sexuales. Pero cuando nos negamos a tener relaciones sexuales, estamos impidiendo la cercanía emocional que recibimos como resultado. Esta enorme paradoja tiene repercusiones escalofriantes cuando no la entendemos. Si sofocas la parte sexual de tu matrimonio, estarás sofocando la relación. Y nadie puede respirar.

Me encanta lo que Gary y Barbara Rosberg escriben en su libro *Las cinco necesidades sexuales de hombres y mujeres*:

> La realidad es que a menudo queremos las mismas cosas. Nuestro deseo más profundo, independientemente de ser hombre o mujer, a fin de cuentas es ser uno. Él quiere una relación; ella quiere una relación. Puede que él quiera tener una relación física más que ella, y puede que ella quiera una relación emocional más que él, pero cuando una pareja puede combinar la relación física con la emocional, encontrarán la manera de tener una buena relación sexual.[7]

Para ponerle un poco de humor, he incluido algunos afrodisíacos:
Ternura. Una buena relación sexual comienza cuando acaricias el corazón de tu amante. Nunca tuvo la intención de ser un simple acto de expresión o sentimiento. La satisfacción sexual comienza con suavidad, comprensión, actos de bondad y abnegación. Trátense bien uno al otro y descubrirán una nueva clase de satisfacción sexual.
Tiempo. Una buena relación sexual tiene que ver con dedicarse tiempo —no solo durante la relación sexual— para mostrarle a tu amante que te preocupas por él y lo amas. La escritora africana Ernestine Banyolak lo ilustra magníficamente:

> La experiencia de un hombre es como un fuego de hojas secas. Se enciende fácilmente, se aviva de repente y se apaga igual de rápido. La experiencia de una mujer, por el otro lado, es como un fuego de carbón encendido. Su esposo tiene que cuidar de este carbón con amor y paciencia. Una vez que la llama arde vivamente, seguirá encendida y radiará calor por mucho tiempo.[8]

Caricias. Una buena relación sexual requiere de frecuentes caricias. Acarícienseme la espalda, tómense de las manos, bésense, abrácense y cuídense uno al otro. Estoy segura de que incrementará el nivel de tu intimidad.

Conversaciones. Una buena relación sexual implica clara y atentamente cuidar, aceptar y valorar a tu esposo. Asegúrate de expresarle tus necesidades y sentimientos más profundos antes, durante y después de hacer el amor.

La próxima vez que te frustres porque él no hace nada en la casa, y él se queje porque se va a morir por falta de sexo, ve por tu impermeable y tus tacones altos. ¡Te sorprenderás de lo que es capaz de hacer él en los siguientes treinta minutos!

Vive el
SUEÑO

Suavidad, comprensión, actos de bondad y abnegación; todos estos son elementos fundamentales para la satisfacción sexual.

Preguntas para
LA REFLEXIÓN

- Lee y estudia Proverbios 5:15-19; Cantar de los Cantares 7:10-13; 1 Corintios 7:3-5 y Hebreos 13:4.
- ¿Ves el sexo como una obligación o rehúsas tener relaciones sexuales como una forma de castigar a tu esposo? Si es así, ¿cómo puedes cambiar tu manera de pensar?
- Haz una lista de las cosas que puedes hacer hoy para comenzar a agregarle sabor a tu vida sexual con tu esposo.

Día 5

Espero que bailes

El baile es un entrenamiento maravilloso para las muchachas. Es la primera manera de adivinar lo que un hombre va a hacer antes que lo haga.

CHRISTOPHER MORLEY

Empujé a Tim y di un portazo, para dejarle bien claro que las flores que acababa de traerme no eran lo que yo quería. Desanimado y alterado a la vez, se dio la vuelta y arrojó el ramo al piso. Las flores eran un gesto de Tim, como una ofrenda de paz por una pelea que habíamos tenido. En vez de aceptarla, reaccioné fuertemente y provoqué la misma reacción en él. Estuvimos maravillosamente "en el mismo espíritu", si entiendes lo que quiero decir.

Los primeros años de matrimonio nos enseñan muchas cosas. En cierto modo, es como aprender a bailar. Si miras el espectáculo televisivo *Bailando con las estrellas*, verás maniobras sutiles y rítmicas cuando los bailarines se deslizan delicadamente al compás de la música. Pero la belleza del baile no aparece de la noche a la mañana. Se requiere práctica. Horas y horas de práctica.

Al principio, el hombre podría pisarle el pie a su compañera. Ella, a su vez, podría ir hacia la izquierda cuando él la está llevando hacia la derecha. Solo después de bailar juntos por un tiempo y conocer la idiosincrasia de cada uno, comenzarán a saber con exactitud cuál es el siguiente paso del baile. El matrimonio es similar; es necesario que las dos partes se muevan en la misma dirección y conozcan perfectamente los movimientos del otro para que el matrimonio prospere.

Sin embargo, hay obstáculos que estorban en el camino; cosas que hacemos que interrumpen los pasos de baile. Y cuando no nos sale bien, nos frustramos y nos enojamos. Si nuestro cónyuge nos culpa por el mal funcionamiento, nos ponemos a la defensiva y lo culpamos a él. Entonces se producen disensiones, y la relación se divide.

Reconocer los obstáculos es importante para la salud y vitalidad de la relación. Algunos obstáculos incluyen esperar que tu esposo o novio te lea la mente, no expresar claramente tus necesidades, tener expectativas poco realistas y poner a los niños antes que tu matrimonio.

Los hombres no leen la mente. Pero a menudo, esperamos que lo hagan. Yo esperaba que Tim supiera que las flores no serían suficientes para apagar el fuego que habíamos encendido. No estaba siendo justa al esperar que él supiera eso. Y no estoy siendo justa si espero que sepa cuando pienso que no se está haciendo cargo de los asuntos de la familia, o cuando necesito un descanso de mis responsabilidades en el hogar, o cuando no estoy de acuerdo con una decisión que él ha tomado y sobre la cual no le he expresado mi preocupación.

Con los años, he escuchado que muchas mujeres dicen: "No tendría que pedírselo" o "Si se lo tengo que pedir, ya no es lo mismo". Tal vez, sea evidente para ti cuándo hay que sacar la basura o vaciar el lavaplatos. Pero tu esposo es un *waffle* que divide cada aspecto de su vida en compartimentos; de modo que él podría no notar estas cosas tan fácilmente como tú. Por naturaleza, tú puedes pensar en más de una cosa a la vez. Y enojarte ni siquiera es tan eficaz como desarrollar un método de comunicación que funcione para ambos.

Puede que tu esposo no satisfaga tus necesidades, si no sabe cuáles son. Esto parece simple escribirlo, pero en la realidad muchas de nosotras esperamos que nuestro esposo u otras personas significativas nos lean la mente; motivo por el cual no nos tomamos el tiempo de verbalizar lo que necesitamos o queremos. Así llegamos a la segunda amenaza de no expresar claramente tus necesidades. Esperar que él satisfaga tus necesidades, pero guardarlas en secreto, no es justo. Todo esto parece ridículo al leerlo, ¿verdad? Sin embargo, esperar que los hombres tan solo "sepan" es exactamente lo que muchas de nosotras hacemos todos los días. Después nos sorprendemos y nos enojamos cuando nuestro esposo o novio no entiende las pistas no verbales que estamos dejando traslucir.

En vez de guardarte las cosas para ti, adopta el hábito de usar una fórmula que diga: "Yo me siento... cuando... porque..." para comunicar tus necesidades.

"Cariño, me siento *mal* cuando *lees el periódico inmediatamente después de la cena mientras yo lavo los platos,* porque *me parece injusto.* Por lo general, yo soy responsable de preparar la cena; entonces ¿podrías ayudarme a lavar los platos así nos podemos sentar juntos a leer el diario?".

Al comenzar con una "declaración", es menor la posibilidad de que tu esposo se ponga inmediatamente a la defensiva. Al manifestar lo que sientes y por qué te sientes así, lo estás ayudando a entender tus emociones. Cuando expresas claramente tus necesidades, es más probable que las personas que amas las satisfagan.

Es posible que tu cónyuge se niegue a ayudar y siga leyendo el diario después de la cena; pero al menos sabrá que te está haciendo sentir mal. Si no está dispuesto a ayudar, hay otros asuntos más graves que podrían estar poniendo en peligro tu relación.

En el ejemplo anterior, la esposa no le está pidiendo mucho a su marido, y la expectativa de que le ayude a lavar los platos después de la cena no es una utopía. Sin embargo, si él creció en un hogar donde la mujer era la que se encargaba de preparar la comida y lavar los platos, esto podría llegar a constituir un gran problema. Si es así, tal vez la pareja pueda negociar otra solución para dicho asunto. Quizá, en vez de leer después de la cena, él podría acceder a sacar a pasear al perro o ayudar a los niños a hacer la tarea; y así, de alguna manera, cada noche aliviaría la carga de su esposa. Entonces, antes de ir a la cama, los cónyuges podrían leer juntos el diario.

Este es un ejemplo muy simple, pero demuestra el problema: esperar grandes cambios repentinos en tu cónyuge simplemente no es justo. Si él no ha sido servicial o romántico los primeros quince años de matrimonio, es probable que no comience ahora. El cambio es posible, pero tienes que preguntarte si lo que estás esperando es realista. Si no lo es, rebajar o cambiar tus expectativas tiene más sentido que estar todo el tiempo enojada porque él no está cumpliendo con tus anhelos.

Las expectativas insatisfechas son causa de muchos conflictos en el matrimonio. Pero hay otros obstáculos que también pueden provocar conflictos. A veces ni siquiera sabes que eres culpable, pero cuando incurres en ello, tiene el potencial de levantar una pared que obstruye la intimidad entre tu esposo y tú. El obstáculo es el siguiente: dar prioridad a tus hijos por encima de tu matrimonio. Incurrir en esto puede destruir el mismo fundamento de una buena familia.

Por favor, no confundas lo que estoy diciendo aquí. No estoy diciendo que no deberías invertir en tus hijos; por el contrario, antes bien, estoy diciendo que no deberías agotar todos tus recursos de tiempo y energía en ellos, y sacrificar tu relación con tu esposo. Dios nos llama primero a ser esposas. Después nos da a nuestros hijos. Esto es intencional, a fin de que los hijos tengan la seguridad de ser criados dentro del contexto de una buena sociedad conyugal, no a expensas de esta. Una buena relación matrimonial fomenta un entorno seguro para los niños. Y cuando el mundo de un niño es seguro, resulta más fácil criarlo. Esto produce menos tensión en tu familia y añade más bendición.

Superar estos obstáculos no siempre es fácil. Pero vivir según 1 Pedro 3:8 es una buena manera de empezar: "Finalmente, sed todos de un mismo sentir, compasivos, amándoos fraternalmente, misericordiosos, amigables".

Tengan un mismo sentir. Aunque tú y tu esposo no estén de acuerdo en todo, deberían tratar de tener un mismo sentir. Para poner en práctica esto, es esencial el compromiso.

Sean compasivos. Cuando ustedes saben que realmente cada uno se preocupa por el otro, están en condiciones de hablar de sus pensamientos y sentimientos más profundos.

Ámense. Esto parece obvio, pero el amor puede ser lo más difícil de mantener. Fíjate en el amor que se describe en 1 Corintios 13.

Sean misericordiosos y amigables. Ten la actitud de poner las necesidades de tu esposo antes que las tuyas; aunque estés agotada.

Practica estos principios, y te aseguro que estarás bailando con tu esposo un baile que nunca has soñado.

Vive el
SUEÑO

Una actitud abnegada es el fundamento para superar los obstáculos en tus relaciones con los hombres.

Preguntas para
LA REFLEXIÓN

- ¿Qué necesidades tienes que aún no has hablado con tu esposo?
- ¿En qué cosas querías que tu esposo leyera tus pensamientos últimamente, y cuál fue el resultado?
- ¿Estás de acuerdo en que las familias deberían girar alrededor del matrimonio? Si es así, ¿cómo podrías concentrarte más en tu matrimonio en los próximos días, semanas y meses?

Semana 5

Secretos para dominar tus emociones

No olvidemos que las pequeñas emociones son los grandes capitanes de nuestra vida y que les obedecemos sin darnos cuenta.

VINCENT VAN GOGH

Elizabeth, exhausta por una semana difícil con sus hijos, le contestó bruscamente a su jefe cuando le preguntó por un proyecto que no había entregado a tiempo.

Cuando Raquel vio a su hija Patricia de diecisiete años entrar a la habitación, sabía que algo malo había sucedido en la escuela aquel día.

Joanna, que ya no sabía qué más hacer con su esposo Miguel, se encerró en el baño y se negó a seguir hablando.

¿Alguna vez has dicho algo impulsivamente y has deseado poder retractarte? ¿Tienes la habilidad natural de saber cuándo alguien está sufriendo? ¿Te puedes identificar con la mujer que se encerró en el baño debido a la pelea que tuvo con el hombre que ama? Tal vez, hayas llorado por una película sin sentido o te reíste incontrolablemente por algo que en realidad no era divertido.

Si estás comprometida con una relación, sentirás cosas. Dios nos hizo de esta manera. Enojo, tristeza, pena, desaliento, temor, amor, celos y felicidad, todas son emociones que conocemos bien; a veces para bien y a veces para mal. Cuando la vida parece injusta o tenemos demasiadas exigencias, demasiada tensión y demasiadas circunstancias impredecibles, podemos volvernos locas.

Cuando estoy estresada, quiero correr, dormir, limpiar, ir de compras o (sobre todo) comer chocolate; ¡mucho chocolate!

Uno de nuestros puntos fuertes como mujeres es nuestra capacidad de responder a nuestras emociones y sentir lo que sienten los demás. Pero esto también puede ser uno de nuestros puntos débiles. El enojo puede gobernarnos, la depresión puede abrumarnos, el temor podría paralizarnos, y la inseguridad nos impedirá ser lo que Dios ha diseñado para nuestra vida; si lo permitimos.

Mucho de lo que carga y encadena a las mujeres hoy día ocurre en su interior, donde se originan y de donde salen los pensamientos. Estos pensamientos tienen la capacidad de llenarnos de optimismo, deshacernos de hábitos no deseados y animarnos a tomar el camino más difícil, cuando aquellos que nos rodean no podrían hacerlo. También pueden abatirnos, atraparnos en remordimientos del pasado e impedir nuestro crecimiento personal.

El reto de dominar las emociones es buscar contentamiento incluso en medio de las tormentas de la vida y las circunstancias desagradables. En este capítulo, examinaremos diversas emociones y aprenderemos la manera de dominarlas.

Día 1

Cuando nos enojamos

Enojo: un ácido que puede hacerle más daño al recipiente que lo contiene que a cualquier objeto sobre el cual se derrama.

SÉNECA

Recuerdo el correo electrónico que Tim y yo recibimos de un amigo nuestro poco después de su boda. En él nos hablaba de un jarrón de cristal que él y su esposa habían recibido como obsequio de su boda; un jarrón que era muy especial para ella. También explicaba la primera pelea real que habían tenido como recién casados. Esto fue lo que nos escribió acerca de su enojo en medio de aquella discusión: "Perdí los estribos y agarré aquel jarrón, lo arrojé al otro lado de la habitación y se rompió en mil pedazos. Fue horrible. Desde entonces, todo se ha ido deteriorando". En una posdata al estilo Charlie Brown, escribió en aquel correo: "Matrimonio... ¡puuuuuaaaaaaajjjj!".

El conflicto en la relación es inevitable. Cada vez que dos personas se unen, a menudo de trasfondos muy diferentes, y conviven cerca uno del otro, se generan conflictos. Pero el problema, en realidad, no son las discusiones. La manera de discutir, de trabajar para resolver las diferencias y los retos entre los dos es lo que importa. De hecho, el investigador y experto matrimonial, John Gottman, escribió que a veces aquellos que manejan bien las discusiones tienden a amar bien también. Por el otro lado, muéstrame un hogar donde sus miembros pierden el control y todo lo que ves es conflicto, y yo te mostraré un matrimonio que está lleno de enojo, resentimiento, amargura y dolor. Ser el receptor del enojo de otra persona no es agradable.

Aprender a manejar tu enojo y descontento individualmente y como pareja hará mucho para ayudarte a edificar una buena relación. No me cabe duda de que el nivel de tu cercanía e intimidad nunca superará el nivel de tus conflictos y peleas.

A veces el enojo suscita el conflicto. Ten cuidado: "Si hablas cuando estás enojada, podrías llegar a arrepentirte toda la vida por lo que dijiste".[1] Además, podrías hacerle un daño irreparable a la relación, hacer cosas que normalmente no harías y provocar problemas inesperados. Esto se debe a que lo que hacemos cuando estamos enojadas generalmente es pecaminoso y podría causar un gran daño.

Sin embargo, el enojo también tiene su lado positivo. Como una emoción dada por Dios, se puede entender mejor como un "estado de preparación" para responder a los agravios y las injusticias reales, o que percibimos como tales, en nuestra vida. El enojo nos advierte cuando alguien se está aprovechando de nosotros o de nuestros seres amados. Y genera la energía que necesitamos cuando debemos hacer algo para cambiar; ya sea en nuestra vida o en la vida de los demás.

El enojo es una emoción poderosa. Podemos utilizarla para el bien o para el mal. Puede ser el catalizador para un cambio positivo o el razonamiento obstinado de seguir siendo igual. Nos advierte acerca de las fallas de los demás y de nuestras propias expectativas poco realistas.

Jesús es un ejemplo de esto cuando mostró su enojo en Juan 2:13-16:

"Estaba cerca la pascua de los judíos; y subió Jesús a Jerusalén, y halló en el templo a los que vendían bueyes, ovejas y palomas, y a los cambistas allí sentados. Y haciendo un azote de cuerdas, echó fuera del templo a todos, y las ovejas y los bueyes; y esparció las monedas de los cambistas, y volcó las mesas; y dijo a los que vendían palomas: Quitad de aquí esto, y no hagáis de la casa de mi Padre casa de mercado".

Jesús se enardeció por la transgresión que había en la casa de su Padre. Pero respondió de la manera adecuada. Nosotros, en cambio, por lo general, no respondemos adecuadamente y luego herimos a aquellos que nos rodean. Controlar y manejar nuestro enojo no siempre es fácil, en especial, en un mundo sujeto a mucho estrés, donde las personas fácilmente se exasperan y pierden los estribos. Muchos han aprendido que el poder del enojo puede controlar y manipular a los demás.

Debo tener cuidado cuando estoy enojada porque, como dice el antiguo proverbio chino: "Si tienes paciencia en un momento de enojo, evitarás cien días de aflicción". Por eso Efesios 4:26 (NVI) es tan importante, dado que dice literalmente: "Si se enojan, no pequen...". Puedes enojarte. Puedes responder ante una situación, pero debes atemperar tu respuesta, pues "el necio da rienda suelta a toda su ira, mas el sabio al fin la sosiega" (Pr. 29:11).

Michelle McKinney Hammond, autora de *The Power of Being a Woman* [El poder de ser una mujer], comenta: "Cuando respondemos con enojo o temor suele ser la respuesta equivocada, y cuesta mucho reparar los daños, si acaso es posible. Procura tener calma y objetividad antes de abordar algo que te preocupa o que justifique una respuesta".[2]

Puedes evitar que tu enojo dañe tus relaciones de la siguiente manera:

Reconócelo. ¿Qué es lo que te hace enojar? ¿Qué te sucede físicamente cuando estás enojada? ¿Qué haces cuando estás enojada? Puedes comenzar a manejar tu enojo si observas el patrón de enojo en tu vida y eres sincera al respecto. No puedes cambiar lo que no entiendes. ¿Sueles gritar? ¿Llorar? ¿Juzgar? ¿Ser vengativa? ¿Quedarte muda? Reconocer lo que suscita el enojo en ti y cómo respondes a este es el primer paso para poder controlarlo.

Frénalo. Una vez que reconoces que estás enojada, busca la manera de responder adecuadamente y no reaccionar alocadamente. Puede que necesites tomarte un tiempo para abstraerte de la situación. Haz ejercicios para liberar algunas tensiones, habla con una amiga de confianza o escribe tus pensamientos y frustraciones en un diario personal. La Palabra dice: "Mejor es el que tarda en airarse que el fuerte; y el que se enseñorea de su espíritu, que el que toma una ciudad" (Pr. 16:32). Haz lo que sea necesario para tener más paciencia.

Contrólalo. "...Todos deben estar listos para escuchar, y ser lentos para hablar y para enojarse" (Stg. 1:19, NVI). Puede que tengas que apartarte de la situación por un tiempo antes de tratar de resolver el daño y restaurar las relaciones implicadas. Si gritar es tu manera de reaccionar, aprende a hablar suave y lentamente. Ponte en el lugar de aquellos que te hacen daño. No busques venganza. *Resuélvelo.* Desarrolla un plan para usar el enojo para mayor crecimiento y santificación espiritual. Ora y ríndete al Espíritu Santo (Gá. 5:16), y perdona a aquellos que te han ofendido. Al hacerlo "quítense de vosotros toda amargura, enojo, ira, gritería y maledicencia, y toda malicia. Antes sed benignos unos con otros, misericordiosos, perdonándoos unos a otros, como Dios también os perdonó a vosotros en Cristo" (Ef. 4:31-32).

Vive el SUEÑO

Si te enojas, no peques. Responde, no reacciones con furia.

Preguntas para LA REFLEXIÓN

- ¿Estás enojada por algo actualmente? Si es así, escribe en tu diario por qué estás enojada y piensa en pasos preventivos que te ayuden a manejar tu enojo de manera constructiva.
- ¿Qué actividades desencadenan enojo y producen tensión en tu vida? ¿Practicas estas actividades periódicamente?
- ¿Podría algún enojo de tu pasado estar afectándote en el presente? Escríbele una oración a Dios, dile por qué estás enojada y pídele que te ayude a manejar ese enojo.

Día 2

Los rostros del temor

*El valor es resistencia al temor, dominio del temor;
no ausencia del temor.*

MARK TWAIN

Vivimos en tiempos de incertidumbre y tenemos mucho de qué temer. Terrorismo, colapso económico, desempleo, armas nucleares, robo de identidad... Y esto es solo el comienzo.

La Universidad de Bowling Green State ha identificado los "diez temores principales que nos impiden alcanzar lo que queremos en la vida".

1. Temor al fracaso.
2. Temor al éxito.
3. Temor a ser juzgado.
4. Temor al dolor emocional.
5. Temor a la vergüenza.
6. Temor a quedarse solo/ser abandonado.
7. Temor al rechazo.
8. Temor a expresar los verdaderos sentimientos.
9. Temor a la intimidad.
10. Temor a lo desconocido.[3]

¿Estás luchando con alguno de estos temores (¡o con todos!)? Si hay un temor que no encuentras en la lista anterior, revisa la siguiente lista de las diez fobias principales:

1. Aracnofobia (temor a las arañas).
2. Fobia social (temor a ser evaluado negativamente en situaciones sociales).
3. Aerofobia (temor a volar).
4. Agorafobia (temor y rechazo a cualquier lugar o situación, de los cuales sea difícil huir o en los cuales el individuo se sienta desprotegido si desarrolla síntomas de pánico repentinos).
5. Claustrofobia (temor a quedar atrapado en lugares pequeños y limitados).
6. Acrofobia (temor a la altura).
7. Emetofobia (temor al vómito o a vomitar).
8. Carcinofobia (temor al cáncer).
9. Brontofobia (temor a las tormentas eléctricas).
10. Necrofobia (temor a la muerte o a los muertos).[4]

Además de estos temores, si hablas con un grupo de mujeres, probablemente se deban agregar: morir después que el cónyuge o no encontrar una pareja, infertilidad, pérdida de un embarazo o problemas de salud del bebé, no poder proteger a los hijos, no tener suficiente dinero para la jubilación, infidelidad matrimonial y divorcio, tener que cuidar de los padres ancianos. (Tuve la tentación de agregar "arrugas" a la lista, pero comparadas con las fobias antes mencionadas, ¡no parecen tan malas después de todo!)

Con tanto para temer en la vida, es difícil no preocuparse. Pero escucha lo que Jesús dice: "No os preocupéis por el día de mañana; porque el día de mañana se cuidará de sí mismo. Básrele a cada día sus propios problemas" (Mt. 6:34, BLA). Como Él lo dice parece fácil, pero ¿qué me dices de cuando llegan tiempos difíciles, tales como cuando no puedes pagar la hipoteca de la casa? En medio del temor, poner la mirada en Cristo y reconocer que Él realmente sabe por lo que estamos pasando no es fácil.

Cuando el temor comienza a infiltrarse en nuestra mente y a secar nuestra alma, podemos fácilmente desviar la mirada de Aquel que nos da el valor que necesitamos. Para poder poner nuestra mirada en Él y sentir verdaderamente su amor, necesitamos recordar que Él es Dios de una multitud de ángeles y que es Jehová *Jireh*, "el Señor proveerá" (Gn. 22:14), Aquel que cuida de nosotros. Siempre me inspiraron los nombres bíblicos para Dios y su significado. Esta es una lista parcial. Medita en cada uno de ellos y pídele a Dios que llene tu corazón con su gracia y su verdad.

Elohim: "El Fuerte" (Gn. 1; Sal. 68).
Adonai: "Soberano, Señor" (Sal. 6; Is. 68).
Yahvéh o Jehová: "Yo Soy el que Soy" (Éx. 3:14).
El Shaddai: "Dios Todopoderoso" (Gn. 17; Éx. 6).
El Elyon: "El Altísimo" (Gn. 14; Sal. 9).
El Olam: "Dios Eterno" (Gn. 21; Is. 40).
Jehová Jireh: "el Señor proveerá" (Gn. 22).
Jehová Sabbaoth: "el Señor de las huestes" (Jos. 5; 1 S. 1).
Jehová Raah: "el Señor es mi Pastor" (Sal. 23).[5]

Me reconforta leer esta lista. En vista del temor y la incertidumbre, sé que Aquel que cuida de mí es el Dios Todopoderoso, el Altísimo, el Fuerte, el Señor de las huestes.

Imagínate en un lugar desierto con una muda de ropa, sin maquillaje y sin contacto con el mundo exterior; desde luego, no es mi idea típica de un retiro para mujeres. Pero para dos mujeres extraordinarias, Gina Murrow y Donna Claus, el entorno es perfecto para ayudar a las mujeres a ser libres del temor. Después de haber visto a muchas vivir una vida de temor y aprensión, las dos decidieron comenzar a organizar retiros en un lugar desierto, con el único propósito de ayudar a las mujeres a identificar y renunciar a su temor personal. Los retiros se llaman: "Sin temor de aquí en adelante".

¿Qué es lo que hace que mujeres modernas quieran estar en un glaciar, navegar en kayak sobre aguas heladas, dormir en carpas en un bosque donde habitan osos, aprender a disparar una escopeta y usar un mapa y una brújula? Puede que sea la oportunidad de escapar de la monotonía de la vida regular por cuatro días o la oportunidad de retarse a sí mismas. Sin embargo, es más probable que sea la oportunidad de enfrentar totalmente sus temores y desterrarlos de una vez por todas.

Aunque la actividad física es una gran parte de cada uno de estos retiros, la actividad emocional también es un elemento primario. Durante el retiro, cada mujer se sienta en la "silla eléctrica", y el grupo se enfoca en sus interrogantes, sus dilemas y su fe en particular. Donna Claus conduce este segmento del retiro, que tiene la finalidad de ayudar a las mujeres a identificar por qué no están viviendo una vida plena de confianza en Dios. Claus depende totalmente del Espíritu Santo para esto. Y los resultados son increíbles.

Murrow dice: "He visto matrimonios restaurados, relaciones con los hijos enriquecidas, carreras profesionales renovadas y actitudes para con la vida drásticamente revertidas... Dios siempre nos sorprende".

Claus se hace eco de las observaciones de Murrow: "Hay esposos que me saludan en la iglesia y me dicen que su matrimonio ha cambiado. Escucho a hijos decir que tienen una madre diferente. Eso es lo que me hace seguir adelante con todo esto. ¡Estamos viendo vidas transformadas!".

Antes de ayudar a otras mujeres a vivir una vida sin temor, Gina y Donna tuvieron que superar su propia multitud de temores. Lo pudieron hacer (y lo siguen haciendo) en total dependencia de Dios. Donna comenta: "El mayor problema que encuentro es que la vida no tiene que ver con nosotras mismas. Cuando pensamos que somos la razón de nuestra vida, vivimos con temor. Cuando queremos que todo se haga a nuestra manera, vivimos con temor. Nuestro objetivo es que las mujeres puedan salir del retiro con una idea: 'La vida no tiene que ver conmigo misma'. Solo cuando dejamos esta mentira atrás, podemos vivir una vida sin temor con nuestro Dios. Dios tuvo que extirpar esta mentira de mi vida. Fue doloroso; fue horrible. Pero una vez que me di cuenta de que todo lo que importa es Dios y su plan, encontré el secreto de una vida sin temor. Lo opuesto al temor es la fe".

Gina y Donna les están enseñando a las mujeres a que opten por adorar a Jehová Jireh cuando les falta algo en la vida, a El Shaddai cuando el temor es demasiado grande para poder manejarlo por sí mismas y a Adonai cuando están dispuestas a rendir sus propios planes y centrarse en el plan de Dios.

Apóyate en tu fe cuando tengas temor. No estoy muy preparada para hacer ese viaje a un lugar desierto, pero sé que el temor nos despoja de nuestra fuerza. Y necesitamos incrementar nuestra fe para superar nuestros temores.

Vive el
SUEÑO

Con Dios, puedes enfrentar tus temores y encontrar su paz.

Preguntas para
LA REFLEXIÓN

- ¿Con cuáles de los temores enumerados en la lectura de hoy te identificas? (¡Puedes mencionar más de uno si es necesario!)
- ¿Has enfrentado temores que no están enumerados? Si es así, menciónalos, por favor.
- ¿Qué pasos específicos puedes dar para dejar que la fe reemplace el temor en tu vida?

Día 3

Hoy tengo el cabello horrible, me veo gorda, y me siento insignificante

Lo opuesto a la seguridad es la inseguridad, y la única manera de vencer la inseguridad es correr riesgos.
THEODORE FORSTMANN

En la etapa del crecimiento, la mayoría de las muchachas lucha con su apariencia y autoestima. ¿Recuerdas ese inmenso grano que te salía justo en la punta de la nariz y que estabas segura de que toda la escuela vería a quince metros de distancia? Como mujeres adultas, muchas veces tampoco nos sentimos aceptables. Hay días en los que nos vemos el cabello horrible. Días en los que nos vemos gordas. Días en los que no nos sentimos amadas, cuidadas, valoradas o valiosas. Nos esforzamos por mantener un equilibrio en nuestra vida y en la vida de nuestra familia. Pero la recompensa a menudo parece limitada; muy limitada. Y a veces, cuando no recibimos nuestra recompensa, podríamos llegar a sentir que lo que estamos haciendo no tiene importancia y que nuestra vida no tiene ningún valor. Si no tenemos cuidado, estos sentimientos pueden llevarnos a tomar malas decisiones, a cometer errores y a lamentarnos.

Somos inseguras cuando no tenemos confianza en nosotras mismas o nos sentimos expuestas. Pero esta seguridad no tiene nada que ver con el entorno o las personas que nos rodean, sino con la manera en que nos vemos a nosotras mismas. Gran parte del tiempo, nuestra manera de vernos está basada en nuestro desempeño o en cómo pensamos que nos ven los demás. Esta es una fórmula para el desastre. Nuestro enfoque debe estar en Cristo y en lo que Él ve en nosotras.

Conozco a una muchacha de Alabama que sale con un pastor de California. Ambos son muy creativos y están constantemente buscando la manera de estar juntos a pesar de la distancia. Una vez, ella recibió un regalo del día de los enamorados algunos días antes de dicha fecha, y no podía esperar que llegara el momento de abrirlo. Cuando el día tan esperado finalmente llegó, se levantó temprano para abrir el regalo. Cuando lo estaba desenvolviendo encontró una tarjeta que decía:

> Cuando te veas el cabello horrible,
> cuando te levantes con el pie izquierdo,
> cuando te sientas insignificante, poca cosa o dudes de tu valor,
> ¡recuerda siempre que eres…!

Dentro del paquete había un llavero. De un lado tenía grabada la palabra *Maravillosa*. Del otro lado, tan solo decía *Asombrosa*. Dado que él no podía estar en persona para recordarle su valor y quién era en Cristo, se aseguró de que tuviera un recordatorio diario.

Tú también deberías tener un recordatorio diario.

¿Por qué? Porque la manera de desarrollar tu autoestima es saber realmente cuánto Dios te ama.

Pero por desdicha, muchísimas mujeres no creen que Dios las ame. Y aunque digamos que lo creemos, no vivimos como si lo creyéramos.

¿De qué estoy hablando? La mayoría de las mujeres que conozco pueden citar pasajes de la Biblia que les recuerda el valor que tienen en Cristo. Es probable que tú también conozcas estos versículos: cuando Jesús nos asegura que "aun vuestros cabellos están todos contados", y que "más valéis vosotros que muchos pajarillos" (Mt. 10:29-31). O que "asombrosa y maravillosamente he sido [hecha]" (Sal. 139:14, BLA).

Decimos que creemos estas palabras; sin embargo, hacemos cosas que contradicen lo que decimos que creemos. Si realmente creemos que fuimos hechas de manera asombrosa y maravillosa, ¿por qué nos estamos comparando constantemente con los demás?

"Mira qué delgada está".

"Ella es muy organizada".
"Desearía estar tan cerca del Señor como ella".
De este modo, cometemos una injusticia con nosotras mismas y con las personas con quienes nos comparamos. Raras veces nos comparamos con alguien que vemos inferior a nosotras. Nos comparamos con aquellas que vemos superiores a nosotras o con aquellas que tienen algo que nosotras deseamos.

La comparación nos conduce a la codicia, a envidiar lo que tienen los demás. Desearías tener el dinero, los libros, el cuerpo, la dicha, el favor que tienen los demás. Yo misma lo he hecho. Y esta inseguridad es como un cáncer que carcome el corazón. Comienzas a lamentarte por tu vida y sientes celos de la vida que tienen los demás. Cuando esto sucede, el resentimiento y la amargura pueden echar raíces. Incluso podemos llegar a enojarnos con Dios por darnos una vida menos interesante que la de los demás.

La única manera de evitar que el cáncer de la inseguridad se disemine es encontrar contentamiento, vivir la verdad de quiénes somos en Cristo. Y esto lo podemos hacer de la siguiente manera:

Piensa en el pasado y sé sincera. ¿De dónde vienen tus inseguridades? ¿Has sufrido algún tipo de intimidación en tu etapa de crecimiento? ¿Has recibido, de alguna manera, el mensaje de que no eres lo suficientemente buena? ¿Siempre tienes que hacer algo para ganarte el amor de los demás? ¿Fueron las disfunciones o los secretos familiares los causantes de que vivieras con temor cuando eras niña? ¿Las continuas desilusiones te hicieron creer que simplemente no tienes lo que hay que tener?

La manera de comenzar a ser libre del control que las inseguridades tienen sobre tu vida es ser clara con respecto a ellas, reconocerlas y convertirlas en un mecanismo de motivación positiva que te haga pensar en ti con admiración.

Sé agradecida, ora y piensa. La libertad viene por medio de la santidad y de una vida según Filipenses 4:8: "Por lo demás, hermanos, todo lo que es verdadero, todo lo honesto, todo lo justo, todo lo puro, todo lo amable, todo lo que es de buen nombre; si hay virtud alguna, si algo digno de alabanza, en esto pensad". Pensar en lo que es puro y amable, de buen nombre y honesto te permite pensar adecuadamente con respecto a quién eres. Cuando te sientes insegura y comienzas a compararte con los demás, debes hacer un alto, reconocer lo que está sucediendo, ordenar los pensamientos en tu vida y seguir adelante.

Ver el valor de los demás. Compararte a ti misma con los demás puede ser instructivo cuando lo usas como un motivador para edificar un cambio positivo en tu vida. También es instructivo cuando estás dispuesta a analizarte a ti misma y preguntarte por qué te sientes de esa manera. Lo más importante: tienes que responder la pregunta con sinceridad y luego escuchar lo que descubriste de tu vida mediante tu respuesta.

El musical de *Mi bella dama* cuenta la vida de una florista callejera que se convierte en el proyecto de un profesor culto. Él la toma bajo su protección, la educa y le da clases de dicción y modales. La confianza que él tiene en ella la lleva a confiar en las habilidades que acaba de aprender. Como resultado, ella se transforma. Poco a poco, sus inseguridades y sentimientos de insignificancia se desvanecen.

Al ahondar en la Palabra y ver todo lo que Dios ha diseñado para tu vida, tus inseguridades también se desvanecerán. Tu posición de hija del Rey comenzará a eclipsar las circunstancias de la vida que, en primera instancia, te hicieron sentir insegura. Verás los sucesos de tu vida y tu vida misma de una manera completamente nueva cuando entiendas que a pesar de cuán insegura, desolada o perdida te sientas, o de cuán dolorosa sea la vida, Dios formó tus entrañas y te hizo en el vientre de tu madre. Meditar en la confianza de Dios en ti te ayudará a desarrollar tu propia confianza.

Cuando las inseguridades amenacen, recuerda que tú has sido creada de manera asombrosa y maravillosa.

Vive el SUEÑO

Como hija de Dios, eres bella ante sus ojos
y te ama con amor eterno.

Preguntas para
LA REFLEXIÓN

- ¿Qué está provocando que te sientas insegura? Nombra todo lo que constituya un reto para ti en este sentido.
- ¿Cómo puedes cambiar estos asuntos en motivadores positivos para un cambio?
- Lee el Salmo 139. Ora de acuerdo a los versículos 23-24 y pídele a Dios que te ayude a verte como Él te ve.

Día 4

Libertad de la depresión

Claman los justos, y Jehová oye, y los libra de todas sus angustias. Cercano está Jehová a los quebrantados de corazón; y salva a los contritos de espíritu. Muchas son las aflicciones del justo, pero de todas ellas le librará Jehová.

SALMOS 34:17-19

¿Has luchado tú o alguien que amas contra la depresión? Te espantarás de cuántas mujeres han experimentado o actualmente están experimentando depresión. Si tu respuesta es afirmativa a cinco de los nueve síntomas de la siguiente lista, y los síntomas duran dos semanas o más, deberías leer esto con mucha atención. La buena noticia es que puedes vencer la depresión.

¿Has tenido algunos de los siguientes síntomas?

1. Profundos sentimientos de tristeza.
2. Una notable pérdida de interés o placer en actividades que una vez disfrutabas.
3. Cambios en el apetito que dieron lugar a una pérdida o aumento de peso no relacionados con una dieta.
4. Insomnio o hipersomnia.
5. Pérdida de energía o incremento de fatiga.
6. Nerviosismo o irritabilidad.
7. Sentimientos de inutilidad o de culpa.
8. Dificultad en pensar, concentrarse o tomar decisiones.
9. Pensamientos de muerte, o suicidio o intentos de suicidio.[6]

La depresión es demasiado común, afecta a casi uno de cada diez adultos por año, y casi el doble de mujeres que hombres. Una internación por depresión antes despertaba juicios y murmuraciones, pero ahora a menudo provoca un gesto de aprobación y entendimiento. Aunque el estigma que rodea la depresión ha ido desapareciendo, las causas de este no.

Según la Asociación Estadounidense de Psiquiatría, la depresión puede afectar a cualquiera. Hay varios factores que pueden incidir en el comienzo de la depresión:

Bioquímica. Anormalidades en dos agentes químicos del cerebro, la serotonina y la norepinefrina podrían contribuir a los síntomas de la depresión que incluyen la ansiedad, la irritabilidad y la fatiga.

Genética. La depresión puede pasar de familia en familia. Por ejemplo, si un gemelo tiene depresión, el otro tiene un 70% de probabilidad de experimentarla también.

Personalidad. Las personas con baja autoestima, que se dejan abrumar fácilmente por el estrés o que por lo general son pesimistas, parecen más vulnerables a la depresión.

Factores ambientales. Una continua exposición a la violencia, negligencia, abuso o pobreza podría hacer que las personas que ya son susceptibles a la depresión sean mucho más vulnerables a la enfermedad.

Condiciones médicas. Enfermedades, tales como un tumor cerebral o una deficiencia de vitaminas, también pueden causar depresión.

Depresión postparto. Cambios rápidos en los niveles hormonales después del embarazo podrían provocar los síntomas de la depresión.

Tal vez tú o un ser amado esté luchando contra la depresión. En vez de preocuparte por lo que podrían pensar los demás si se enteran, invierte tu energía sabiamente y busca ayuda para iniciar tu proceso de sanidad.

Al parecer, algunos personajes bíblicos sufrieron de depresión, hecho que nos alienta y nos ayuda a comprender mejor nuestra propia depresión o la depresión que atraviesa un ser amado, que podría tratarse de un pequeño valle o de una lucha de toda la vida. Si de algún modo has sido afectada por la depresión (y la mayoría de nosotras lo ha sido, ya sea en nuestra propia vida o en la vida de un ser amado), observa lo que puedes aprender de las experiencias de estos gigantes espirituales. Toma un tiempo para leer detenidamente estos pasajes y descubrir cómo lucharon contra la depresión cada uno de ellos.

Abraham (Gn. 15).
Jonás (Jon. 4).
Job (Job 38—42).
Elías (1 R. 19).
Jeremías (Jer. 1; 9; 13).
David (Sal. 6; 13; 39; 42—43; 51; 55; 62; 69; 88; 116; 130; 142).[7]

David se lamentaba y decía: "Estoy encorvado, estoy humillado en gran manera, ando enlutado todo el día… Estoy debilitado y molido en gran manera; gimo a causa de la conmoción de mi corazón" (Sal. 38:6, 8). Estas no son las palabras de un hombre tranquilo, sin preocupaciones. Por el contrario, reflejan un corazón oprimido, que podría haber estado sufriendo síntomas de depresión.

Además de un corazón oprimido, a aquellos que luchan contra la depresión se les suma la preocupación por sus compromisos laborales y familiares de cada día, por la reacción de sus amigos y familiares si se enteran y por encontrar la mejor manera de encargarse de ello.

Algunas personas creen que los cristianos no deberían estar, no están y no estarán deprimidos. Pero ninguno de nosotros es inmune a ello; todos somos susceptibles. Aquellas personas que sostienen este falso concepto, de hecho, podrían sumarse a la carga de aquellos que están deprimidos.

Dave Dravecky era el lanzador de los Gigantes de San Francisco, cuando descubrió que tenía un tumor canceroso en el brazo que usaba para lanzar la pelota. Tuvieron que amputarle el brazo para evitar que el cáncer se diseminara. La travesía que recorrió desde su posición de jugador de béisbol saludable y célebre a un antiguo jugador de béisbol sin un brazo, obviamente, fue difícil. Y aunque la esposa de Dave, Jan, estuvo a su lado tenazmente mientras él luchaba contra el cáncer, tuvo que hacer frente a sus propias luchas contra los ataques de pánico, la ansiedad y la depresión.

Igual que otras personas que han transitado esta senda, ella tuvo que recorrer una travesía imprevista. Y nos lo explica de la siguiente manera: "Nunca había conocido a nadie que hubiera experimentado algo como esto y, como una cristiana comprometida, no entendía cómo me podía estar pasando. La culpa me consumía. Me sentía sola, confundida y asustada. Necesitaba un salvavidas. Necesitaba que me mostraran la salida".[8]

Para algunas personas, la salida viene con el paso del tiempo. Para otras, implica una terapia. Los medicamentos ayudan a algunos. Y otros se benefician de una combinación de las tres. El porqué de la depresión no importa tanto como qué hacer cuando aparece.

Si te ha sucedido a ti, busca ayuda. Si le ha sucedido a algún ser amado, acompáñalo en su travesía y ofrécele apoyo práctico, emocional y espiritual. En cualquier caso, reconoce que Dios puede obrar y obra en la depresión. Puedes obtener una nueva perspectiva y profundizar relaciones, y Dios puede obrar en medio de la depresión.

La vida es difícil. Y parece mucho más difícil para la persona que está atravesando una depresión. Pero la Biblia nos ofrece esperanza:

> "que estamos atribulados en todo, mas no angustiados; en apuros, mas no desesperados; perseguidos, mas no desamparados; derribados, pero no destruidos... Por tanto, no desmayamos; antes aunque este nuestro hombre exterior se va desgastando, el interior no obstante se renueva de día en día. Porque esta leve tribulación momentánea produce en nosotros un cada vez más excelente y eterno peso de gloria; no mirando nosotros las cosas que se ven, sino las que no se ven; pues las cosas que

se ven son temporales, pero las que no se ven son eternas" (2 Co. 4:8-9, 16-18).

Puede que estemos atribuladas, mas no estamos angustiadas, porque el Dios del universo está de nuestro lado.

Vive el
SUEÑO

La depresión se supera cuando no pones tus ojos en lo que se ve (las cosas temporales de este mundo), sino en lo que no se ve (las cosas eternas de los cielos).

Preguntas para
LA REFLEXIÓN

- ¿Cómo ha afectado a tu vida la depresión?
- Es más fácil llevar una carga entre dos. Si la depresión representa un reto para tu vida, ¿en quién confías lo suficiente como para hablarle de tu carga?
- ¿Cómo puedes acompañar a alguien que sabes que está experimentando una depresión?

Día 5

Contentamiento

*La felicidad no es tener lo que quieres;
es querer lo que tienes.*

Contentamiento significa literalmente "no desear más de lo que se tiene; estar satisfecho".[9] ¿Conoces a alguien que vive en semejante libertad? ¿Una persona contenta, satisfecha, conforme y amena? Yo necesito ser un poco más así.

Pablo era un embajador de Cristo poco común. Antes de convertirse, fue un acérrimo perseguidor de los cristianos (Hch. 9:1-2).

Pero es así como Dios transformó a uno de sus enemigos en un ferviente adepto. Cuando Saulo iba de camino a Damasco, una luz del cielo relampagueó, y él escuchó que Dios le preguntaba:

—Saulo, Saulo, ¿por qué me persigues?

—¿Quién eres, Señor? —preguntó Saulo. La respuesta que escuchó fue clara:

—Yo soy Jesús, a quien tú persigues.

Más tarde, se convertiría en el instrumento escogido por Dios para dar a conocer su nombre a los gentiles y a sus reyes, y al pueblo de Israel (v. 15).

¡Qué locura debió haber sido para Saulo escuchar al mismo Dios que estaba persiguiendo! Pero Dios no decretó una orden de abdicación y cese; sino que llenó a Saulo con el Espíritu Santo. La Biblia nos dice: "En seguida predicaba a Cristo en las sinagogas, diciendo que éste era el Hijo de Dios" (v. 20).

Un perseguidor se convierte en un siervo. El odio se convierte en amor. Un día *persigue* a los cristianos, y al día siguiente él mismo *es* uno de ellos. ¡Qué ironía! La misma ironía muchas veces se manifiesta en la vida actual. En Jesús, el quebranto encuentra su sanidad. La desesperanza encuentra esperanza. La debilidad encuentra fortaleza. Y al crecer en la fe, aprendemos que Dios está presente en lo inesperado, lo inimaginable y lo increíble. La historia de Pablo no termina con su conversión. De hecho, es solo el comienzo. Su ministerio sobrellevó un alto precio. Lo azotaron, lo golpearon con vara, lo apedrearon y lo encarcelaron (2 Co. 11:24-27). Sin embargo, asombrosamente, dice: "No lo digo porque tenga escasez, pues he aprendido a contentarme, cualquiera que sea mi situación. Sé vivir humildemente, y sé tener abundancia; en todo y por todo estoy enseñado, así para estar saciado como para tener hambre, así para tener abundancia como para padecer necesidad. Todo lo puedo en Cristo que me fortalece" (Fil. 4:11-13).

A pesar de sus adversidades, Pablo había aprendido a contentarse. Él confiaba en Jesús y reconocía que su fortaleza provenía del Señor. Con esa fortaleza, pudo hacer frente a su dolor y a las montañas de su vida con una nueva paz.

Como escribió Henry Blackaby: "Dios siempre les da a sus hijos comisiones demasiado grandes para llevar a cabo solos, a fin de que el mundo que observa pueda ver no lo que *nosotros* podemos hacer, sino lo que *Dios* puede hacer".[10]

Nuestra tarea es tener contentamiento con nuestra vida y con la comisión que hemos recibido, y llevarla a cabo lo mejor posible con la confianza de la fortaleza de Dios. Esto no es fácil. El contentamiento no es una emoción natural para la mayoría de nosotras. Es algo que debemos esforzarnos por conseguir.

Cuando las emociones nos amenazan y nos abruman, debemos reconocer que Dios está en cada circunstancia y en todos nuestros sentimientos. Él está presente en nuestro enojo, temor, inseguridad y depresión. Él es nuestra fortaleza cuando sentimos que la tarea es demasiado grande o que no podemos seguir adelante. Descansa en Dios y encuentra el contentamiento que solo Él puede dar.

Vive el
SUEÑO

La fortaleza que necesitas para llevar a cabo lo que se te encomienda proviene directamente del Señor.

Preguntas para
LA REFLEXIÓN

- ¿Qué circunstancias actuales en tu propia vida requieren que tengas contentamiento?

- ¿De qué manera la búsqueda del contentamiento en medio de las circunstancias trágicas o difíciles parecen contradictorias?

- ¿Qué comisión te está resultando demasiado grande llevar a cabo en este momento, y de qué manera puedes permitir que la fortaleza de Dios te ayude a perseverar?

Semana 6

Secretos para manejar el desequilibrio

Las mujeres necesitan verdaderos momentos de soledad e introspección para evaluar cuánto están dando de sí mismas.

BARBARA DE ANGELIS

Vivir una vida equilibrada parece casi imposible. Justo cuando pienso que tengo todo en orden en mi vida, Tim agrega algo a mi agenda. Megan o Zach me dicen, en el último minuto, que debo asistir a una reunión en la escuela, la computadora deja de funcionar, alguien se enferma, o el automóvil no arranca. Estoy segura de que te puedes identificar conmigo. Los problemas vienen en cadena.

Decidí escribir acerca de los secretos para manejar el desequilibrio en nuestra vida —en vez del equilibrio— simplemente porque creo que la idea de buscar y vivir una vida equilibrada promueve un mito peligroso que impulsa a muchas mujeres a sentirse como si estuvieran haciendo algo malo, o como si no se supieran organizar cuando las cosas no salen bien. Aprender a responder a los obstáculos de la vida de una manera positiva parece tener más sentido que tratar de controlar aquello que a menudo no podemos controlar.

La buena noticia es que Jesús está con nosotras en cada circunstancia inesperada (Mr. 28:20). Él está con nosotras de día y de noche, en nuestra entrada y en nuestra salida, y en el desequilibrio natural que ocurre en el transcurso de cada día. Él ve cómo trabajamos sin descanso y observa cómo nos desgastamos al tratar de conformar a todos. Por eso nos da palabras de consuelo: "Venid a mí todos los que estáis trabajados y cargados, y yo os haré descansar" (Mt. 11:28). ¿Cuán reconfortante es escuchar esto? Sin duda, lo necesito.

Ya sea que tengas tu vida en equilibrio o no, Dios está de tu lado y tiene mucho que enseñarte a fin de que te ocupes de ti para poder ocuparte de los demás.

Día 1

Comunícate con Dios

Hay una gran diferencia entre recitar una oración y orar.

Es de mañana, y estoy en mi automóvil en el estacionamiento de la escuela de mis hijos, la cual queda a veinte minutos de nuestro domicilio. Me lleva cuarenta minutos hacer este recorrido ida y vuelta. Algunos días quisiera que asistieran a una escuela más cerca de casa; pero estoy convencida de que vale la pena hacer este camino, porque creo en la ventaja de esta escuela en particular y en lo que nuestros hijos están aprendiendo en ella.

Cada día escolar es igual. Comenzamos con el desayuno y luego salimos en tropel hacia la escuela. Mientras nos apresuramos a llegar al automóvil, ayudo a Megan y a Zach a controlar que tengan todo lo que necesitan para el día, y finalmente comenzamos juntos el recorrido. Todos los días agradezco a Dios por este viaje en automóvil; solo mis hijos y yo, juntos, sin distracciones, disfrutando hermosos momentos de diálogo mientras circulamos por las carreteras serpenteantes de nuestra zona rural de Virginia.

A veces, cuando Tim está fuera de la ciudad, usamos el recorrido en automóvil para llamarlo y comunicarnos con él como familia. A veces oramos por los cinco hijos que nuestra familia patrocina a través de *World Vision* y *Compassion International*. Zack, Megan y yo a menudo nos turnamos para orar en voz alta en el automóvil por aquellos que sabemos que lo necesitan.

Después de dejar a los niños en la escuela, apago mi celular, estaciono el automóvil y me quedo en silencio. El coche es mi santuario sobre ruedas. Puedo abrir la Biblia y leer o escribir en mi diario personal. Puedo inclinar mi cabeza en oración. A veces, simplemente me quedo sentada y escucho el suave susurro de Dios en respuesta a las plegarias de mi corazón. Algunos días, en vez de hablar o escuchar, simplemente leo, dejo que otros autores me alienten a través de lo que ellos han aprendido y están aprendiendo de Dios.

Sé que este será el momento más tranquilo del día. Una vez que pongo en marcha el automóvil y entro en el tráfico, mi vida se convierte en un ajetreo de actividades y responsabilidades. Me muero de ganas de tachar todos los elementos de mi lista de cosas para hacer, pero en realidad agrego más cosas a lo largo del día. Buscar la ropa a la tintorería. Ir al supermercado. Sacar a pasear al perro. Lavar la ropa. Entrar al perro. Encargarme de las responsabilidades de las futuras conferencias de *Extraordinary Women*. Devolver llamadas telefónicas. Llevar a Zach a comprar zapatos nuevos de béisbol. Si no tengo cuidado, el trajín de la vida me devoraría, hasta el grado de olvidarme de mirar a mis alrededores para ver quién está en necesidad.

Cuando introduzco la llave en el encendido, y el motor arranca, a menudo pienso en la vida de las mujeres pioneras de este país. En vez de caminar hacia el garaje y viajar en automóvil, las mujeres iban al granero y ensillaban el caballo para ir hasta el pueblo. En vez de disfrutar de un placentero viaje en automóvil como yo, las mujeres que me precedieron daban tumbos en el banco de madera de un carromato. En vez de disfrutar de una temperatura interior agradable, tenían que entrecerrar los ojos por el polvo que levantaban los caballos al cabalgar. De modo que mucho ha cambiado desde aquellos tiempos. El lujo que ahora tenemos hace que la vida sea muchísimo más fácil. Se podría pensar que ahora es más fácil hacerse tiempo para comunicarse con Dios cada día; pero, sin embargo, ahora que las cosas son mucho más fáciles, estamos más ocupadas que antes. Por eso mis tiempos devocionales son tan importantes, y por eso me siento en mi santuario rodante para escuchar la voz de Dios antes de comenzar el día.

Algunos días son fáciles, pero la mayoría requieren mayor esfuerzo. Cuando hablamos con Dios *antes* de comenzar el día, estamos en mejores condiciones de hacerle frente a cualquier cosa que nos suceda ese día. La comunicación no tiene que ser formal o extensa. Hasta los pensamientos fugaces que se dirigen al cielo pueden mantener intacta nuestra comunicación con Dios.

El Señor nos ama y nos escucha. Él nunca está demasiado ocupado o ausente. Sin embargo, nosotras sí estamos muy ocupadas y ausentes para Él. Es ahí cuando nuestra vida desequilibrada amenaza con avasallarnos. El desequilibrio a menudo nos lleva a estar más ocupadas y con menos tiempo para Él. Cuando esto sucede, podemos caer en un pozo sin fondo. Cuanto más ocupadas estamos, más tenemos que trabajar para estar al día. Cuanto más trabajamos para estar al día, más rápido nos desplazamos. Cuanto más rápido nos desplazamos, menos tiempo tenemos para orar. Cuanto menos tiempo tenemos para orar, más probable es que nos encarguemos de las cosas por nuestra cuenta. Cuanto más tratamos de encargarnos de las cosas por nuestra cuenta, más pesada es la carga. Más pesada es la carga, más necesitamos de Dios.

Podemos esperar caer vertiginosamente en ese pozo sin fondo del ajetreo de la vida o podemos decidir que es tiempo de volver a Dios; pero una decisión mucho más sensata sería buscar al Señor en medio de nuestro desequilibrio para no quedar atrapadas en el torbellino que este produce. De esta manera, no tendríamos que caer vertiginosamente en ese pozo sin fondo antes de volvernos a Él. Tan solo descansamos en sus brazos, mientras afrontamos lo que tenemos por delante.

En su libro, *Cómo tener un corazón de María en un mundo de Marta*, Joanna Weaver escribe: "Podría razonar y pensar: Hoy no puedo pasar tiempo con Dios. No tengo tiempo. Pero la realidad es esta: cuanto más difícil es el día, más tiempo necesito pasar con mi Salvador. Cuantas más obligaciones tengo que cumplir, más necesito mantener el equilibrio en mi vida".[1]

Dios bendiga los momentos que aparto en mi agenda diaria y los multiplique antes de devolvérmelos. Mi beneficio en esta inversión es divino, y de alguna manera siempre tengo suficiente tiempo. Comenzar cada día comunicándome con Dios tiene otro beneficio también: una vez que comienzo una conversación con Él, no quiero que se termine. Cuando entro en el tráfico después de mi tiempo de devocional, mi mente está repleta de pensamientos, ideas y preguntas. Sé que la conversación que comencé con Él a la mañana continuará, y por eso sé que tendré lo que necesito para llegar al final de ese día.

Vive el
SUEÑO

Hasta los pensamientos fugaces que se dirigen al cielo pueden mantener intacta nuestra comunicación con Dios.

Preguntas para
LA REFLEXIÓN

- ¿Qué clase de "comunicación con Dios" estás teniendo cada día, y cómo te está ayudando a superar el desequilibrio de la vida?
- ¿Has caído en el pozo sin fondo del ajetreo de la vida (o estás cayendo en este momento)? Si es así, ¿cómo puedes evitar quedar atrapada en el torbellino?
- ¿Joanna Weaver escribe: "Cuánto más difícil es el día, más tiempo necesito pasar con mi Salvador". ¿Tienes el hábito de buscar a Dios como primera medida en tus días más difíciles?

Día 2

Invierte tu tiempo sabiamente

Y todo lo que hagáis, hacedlo de corazón...
Colosenses 3:23

Me encanta lo que el asesor Peter Drucker dice con respecto a establecer las prioridades: "Sin duda, no hay nada más inútil que hacer con gran eficiencia aquello que no debería hacerse en absoluto".

¿Te has sentido alguna vez culpable al final del día por malgastar el tiempo? Te reprendes a ti misma, porque tenías que hacer algunas cosas y no las hiciste. Y peor, las cosas que hiciste no importaban. Agregas las cosas que no hiciste hoy a la lista de cosas para hacer mañana, y ahora te sientes mucho más agobiada y paralizada.

A medida que tu lista aumenta, ni siquiera sabes por dónde comenzar. Así que no comienzas. Pospones cosas que deberías hacer, porque no tienes suficiente tiempo; y a fin de cuentas las cosas que estás haciendo no tienen ningún valor. Cuando no priorizamos en nuestra lista de cosas por hacer, a la larga malgastamos el tiempo. Cuando creemos que todas las cosas de nuestra lista son importantes, o cuando no nos hemos tomado el tiempo de identificar lo que es esencial, somos más susceptibles a sobrecargarnos.

Invertir el tiempo sabiamente es una cuestión de constante reflexión personal; es estar atentas a determinar las cosas que deberíamos hacer y estar dispuestas a dejar pasar las cosas que no deberíamos hacer. Es cuestión de hacer que tu sí sea sí y que tu no sea no (Stg. 5:12). La dificultad para la mayoría de nosotras es reconocer cuándo decir que sí y cuándo decir que no. Solo puedes hacer esto cuando sabes lo que valoras y por qué lo valoras. Identificar tus valores determinará tu modo de actuar.

Antes que el rey Asuero nombrara reina a Ester, esta era huérfana y vivía con su tío Mardoqueo, quien la había adoptado y la había criado. Cuando Mardoqueo se enteró del complot para destruir a los judíos, le pidió a Ester que se presentara delante del rey a pedir ayuda.

Cuando pienso en una reina, pienso en una mujer casada con un rey que ha sido facultada con todos los derechos que esa posición conlleva. Sin embargo, en el caso de Ester, ella podía presentarse delante del rey solo cuando él la convocaba, porque todo aquel que se presentaba delante del rey sin ser convocado se arriesgaba a que lo mataran. Por lo tanto, Mardoqueo le estaba pidiendo a Ester que arriesgara su propia vida para salvar a su pueblo. En respuesta, Ester le pidió a Mardoqueo que él y otros judíos ayunaran y oraran por ella durante tres días.

El proceder de Ester reflejaba sus valores. Ella había establecido sus prioridades. Cuando Ester se presentó delante del rey, "según le había mandado Mardoqueo, no había declarado su nación ni su pueblo... *porque Ester hacía lo que decía Mardoqueo, como cuando él la educaba*" (Est. 2:20 cursivas añadidas). La prioridad de Ester era obedecer a su tío y salvar a su pueblo aun cuando ello significaba arriesgar su vida. Como resultado, Mardoqueo fue honrado, y los judíos se salvaron.

Consciente de sus valores y sin temor de defenderlos, Ester sabía lo que tenía que hacer. Lo mismo sucede en nuestra vida. Las personas o cosas que nos conmueven hasta lo más profundo de nuestro corazón son las que impulsan nuestra respuesta. ¿A quiénes das de ti y te entregas? ¿A tus hijos? ¿A tu esposo? ¿A las mujeres que estás discipulando? ¿A tu mamá, tu papá, tu hermana o tu hermano? Tal vez sea a tu ministerio o tu empleo. Saber qué es lo más importante en tu vida te ayudará a saber qué necesitas hacer y cuándo.

Las emergencias suceden, y a veces la familia y las amistades te necesitan más de lo que les puedes dar para cumplir con tu lista de cosas por hacer. Por lo tanto, dejas de hacer lo que estás haciendo para ir al hospital cuando una amiga se ha lesionado; haces un viaje especial al supermercado a fin de comprar los ingredientes para prepararle la cena a una amiga que acaba de dar a luz; y ajustas tu agenda para cuidar a la madre enferma de una amiga para que ella pueda ir a la peluquería.

Una vez que sabes qué es lo importante en tu vida, saber cómo invertir el tiempo es más fácil. Dios deposita 86.400 segundos en la cuenta del tiempo de tu vida todos los días. Debes usar cada uno de ellos, y Él espera que los inviertas sabiamente.

¿Cómo estás usando el tiempo? ¿En qué estás poniendo tu corazón? Haz un inventario personal. Averigua en dónde estás invirtiendo tu tiempo y si el desembolso refleja tus prioridades.

La mayoría de nosotras está tan atosigada y desesperada por terminar con las obligaciones de otro día, que no nos tomamos el tiempo de detenernos a pensar y preguntarnos si lo que estamos haciendo realmente importa y si nuestras actividades reflejan nuestras prioridades. A menudo ambas cosas no tienen relación, aunque puede que estemos demasiado ocupadas para darnos cuenta de ello.

Jody Antrim escribe: "Los dos mejores indicios que te muestran si estás viviendo tu escala de valores son tu agenda y tu chequera".[2] ¿Cuánto hace que no realizas una auditoria personal para ver si estás viviendo según tus prioridades? Si ha pasado bastante tiempo, este es el momento de tomar tu chequera y tu agenda, y hacer correcciones sobre la marcha.

Recuerda, tienes 86.400 segundos por día. Inviértelos sabiamente.

Vive el SUEÑO

Conocer tus valores te ayuda a determinar tu modo de actuar.

Preguntas para LA REFLEXIÓN

- ¿De qué manera puede la historia de valentía y obediencia de Ester ayudarte a forjar tu historia personal?
- ¿Deberías decir que no a algunas cosas actualmente?
- ¿Qué prioridades reflejan tu agenda y tu chequera?

Día 3

Lo que realmente importa

Estamos tan obsesionados con hacer, que no nos queda tiempo ni imaginación para ser. Como resultado, no se valora al hombre por lo que es, sino por lo que hace o por lo que tiene; por su utilidad.

Thomas Merton

La cita anterior me entristece. Nuestra sociedad parece haberse convertido en una especie de fábrica. Si haces tu parte y te mantienes a la par de la línea de producción, personas como tú encajan contigo. Si decides trabajar muchas horas extras y no tomarte los días de vacaciones o de enfermedad, tu jefe podría incluso promoverte y elogiarte por todo lo que haces. Pero si no puedes mantenerte a la par o simplemente decides no hacerlo, eres alguien prescindible. Estar integrada en la sociedad parece tener que ver con la utilidad.

Muchas mujeres han caído en la trampa del rendimiento, pues creen que cuanto más hacen, más importan. Nuestra autoestima está determinada por la cantidad de cosas que hacemos cada día. Cuando no logramos llevar a cabo todo lo que teníamos que hacer, sentimos que hemos fracasado. Y todas sabemos que las personas fracasadas son prescindibles.

Pero Dios nos ve de manera diferente. Como Joanna Weaver escribe, "el reino de Dios es una paradoja. Mientras el mundo aplaude los logros, Dios pide compañía. El mundo exige: '¡Haz más cosas! ¡Sé todo lo que puedas ser!'. Pero nuestro Padre nos susurra: 'Estad quietos y conoced que yo soy Dios'".[3]

Durante una visita a María y Marta, Jesús notó que María había decidido sentarse y estar con Él, mientras Marta trabajaba afanosamente en la cocina y se perdía la oportunidad de estar con Aquel que había ido a visitarla. Obsesionada con los preparativos y decepcionada con su hermana que estaba sentada mientras ella trabajaba, Marta finalmente estalló de ira y le preguntó a Jesús: "…¿No te da cuidado que mi hermana me deje servir sola? Dile, pues, que me ayude. Respondiendo Jesús, le dijo: Marta, Marta, afanada y turbada estás con muchas cosas. Pero sólo una cosa es necesaria; y María ha escogido la buena parte, la cual no le será quitada" (Lc. 10:38-42).

Marta priorizaba las cosas que había que hacer; María priorizaba su relación con Jesús, que nos ha enseñado una lección que hoy día sigue teniendo relevancia. No permitas que el ajetreo de la vida interfiera en las relaciones. Elige a las personas por encima de las cosas.

Sé que esto no siempre es fácil. A diario lucho con este desequilibrio en mi vida, porque sé que si solo me enfoco en las personas, nunca lograré llevar a cabo lo que tengo que hacer. Pero si me centro en lo que tengo que hacer, es a expensas de las relaciones. Por lo tanto, ¿qué debe hacer la mujer?

Cuando nuestra vida pierde totalmente el equilibrio, necesitamos estar quietas y saber que Él es Dios. En la quietud, hazte esta pregunta: *¿De qué manera puedo hoy usar mejor el tiempo?*

A veces el mejor uso del tiempo para mí es hacer mandados, lavar la ropa o limpiar la casa. A veces es hacer llamadas, escribir cartas o visitar amistades o familiares. Otras veces es cerrar la puerta de mi oficina y concentrarme en mis asuntos. La respuesta difiere, dependiendo del día, la semana o las circunstancias presentes.

Sin embargo, las relaciones son importantes en todos lados: en el trabajo, el hogar, la escuela, la guardería infantil, el supermercado y en cualquier lugar al que vayas. En todo momento, en todo contexto, debes preguntarte: *¿De qué manera puedo hoy usar mejor el tiempo?*

En su libro, *Los 7 hábitos de la gente altamente efectiva*, Stephen Covey escribe: "Junto a la supervivencia física, la mayor necesidad del ser humano es la supervivencia psicológica; ser entendido, aceptado, aprobado, valorado".[4]

Cuando reconocemos que la vida es más que tan solo nuestra lista de cosas para hacer y comenzamos a prestar cuidadosa atención a las necesidades de aquellos que nos rodean —ser entendido, aceptado, aprobado y valorado—, invitamos al equilibrio a nuestra vida. Cuando las relaciones se ven afectadas, caemos en el desequilibrio, la consternación, la ineficiencia y la preocupación. Irónicamente, cuando colocamos a las personas antes que las cosas, las relaciones son más positivas, y somos más eficientes en lo que hacemos. Aunque ambas parezcan mutuamente excluyentes, están estrechamente ligadas.

La integración en la sociedad no les importaba tanto a los santos que se mencionan en Hebreos 11 como a nosotros. Ellos "…[confesaban] que eran extranjeros y peregrinos sobre la tierra" (He. 11:13), porque veían algo más allá de los límites de su visión terrenal.

Al crecer en un hogar cristiano, he escuchado sermones de "ser en lugar de hacer" una y otra vez. Pero cuando leí un extracto del libro de Don Piper, *90 minutos en el cielo*, obtuve una vislumbre de lo que en realidad vieron aquellos santos. Esta vislumbre me ha ayudado a entender mejor cómo manejar el desequilibrio entre ser y hacer, y ha cambiado mi manera de pensar cada día. Ahora entiendo más claramente qué es lo que importa en verdad.

El libro es un relato biográfico del accidente automovilístico que se llevó la vida de Don —por noventa minutos—, y su increíble traslado de la tierra al cielo y nuevamente a la tierra. Los detalles de su experiencia en el cielo me recuerdan de manera solemne que realmente no pertenezco a esta tierra. Este no es nuestro hogar.

Cuando Don entró al cielo, una multitud de personas que él conocía y reconocía le dio la bienvenida.

> Volví a observar todos los rostros y me di cuenta de que todos habían contribuido a mi conversión a Cristo o me habían motivado en mi crecimiento como creyente. Cada uno había influido en mi vida de manera positiva. Cada uno había influido espiritualmente en mi vida de algún modo y me había ayudado a ser un mejor discípulo. Lo sabía —otra vez era una de esas cosas que sabía sin ser consciente de cómo asimilaba la información— porque debido a la influencia de estas personas podía estar presente con ellos en el cielo.[5]

Esto me estremeció. Tuve que hacer un examen de conciencia. ¿Cuán a menudo estamos tan atrapadas en lo que hacemos, que nos perdemos la oportunidad de discipular o ministrar a alguien que literalmente golpea a nuestra puerta y necesita nuestra ayuda? Si el relato de Don es remotamente cierto, la influencia celestial podría estar golpeando a nuestra puerta sin ni siquiera darnos cuenta. ¿Son las personas una prioridad en tu vida?

Permíteme reformularte esta pregunta para hacerte pensar un poco más: ¿estás dispuesta a dejar de hacer *cualquier cosa* que estés haciendo en *un momento dado* por la oportunidad de ministrar al corazón de alguien que está cerca de ti?

Vive el SUEÑO

Lo que realmente importa son los corazones que conmovemos y las vidas que influenciamos.

Preguntas para LA REFLEXIÓN

- ¿Quiénes son las personas que han sido afectadas en tu vida por no anteponerlas a tu lista de cosas para hacer?
- ¿De qué manera puedes usar mejor el tiempo hoy?
- ¿Quién necesita ser entendido, aceptado, aprobado o valorado en tu vida, y cómo puedes conseguirlo?

Día 4

Alivia la carga

Es imposible agotarse por hacer la obra de Dios.
Nuestro agotamiento se debe a que tratamos de hacer
la obra de Dios por nosotros mismos.

OSWALD CHAMBERS

Son incontables las veces que he hecho algo por mí misma creyendo la idea de que "si quieres que esté bien hecho, hazlo tú mismo"; o la cantidad de veces que no me he querido rebajar a pedir ayuda, porque pensaba que daría la imagen de ser menos capaz. Y a veces me negué a dejar que otros me ayuden, porque hacerlo significaría perder el control total.

Cuando tratamos de hacer demasiadas cosas o nos negamos a aceptar la ayuda de otros, nuestra vida pierde el equilibrio. Y para la mayoría de los estadounidenses, el agotamiento se ha convertido en una epidemia.

- El estrés laboral cuesta más de 300 mil millones cada año en atención médica, faltas al trabajo y técnicas de reducción de estrés.[6]
- Los estadounidenses trabajan más de 1.800 horas al año; 350 horas más que los alemanes y un poco menos que los japoneses.[7]
- Una cuarta parte de los encuestados en 2002 dijo que muchas veces no contaba con suficientes colaboradores para hacer el trabajo.[8]

- El trabajador europeo promedio tiene de cuatro a seis semanas de vacaciones al año comparado con el promedio de dos semanas de vacaciones de sus homólogos estadounidenses.⁹

Sin duda, somos una sociedad que está sobrecargada. El estrés se acumula y afecta a nuestra salud física, emocional y mental, y distorsiona nuestra actitud en el trabajo, el hogar e incluso en nuestro ministerio. Cuando llegamos al límite de nuestra capacidad, nos agotamos y, en el fondo, no somos eficientes para la obra de Dios.

Moisés también conoció el agotamiento. Mientras intentaba corregir la ineficacia del sistema judicial establecido en el desierto, trató de llevar la carga solo. Pero su suegro Jetro se dio cuenta de que Moisés no podía juzgar solo todos los casos del pueblo; por eso le dijo: "¿Qué es esto que haces tú con el pueblo? ¿Por qué te sientas tú solo, y todo el pueblo está delante de ti desde la mañana hasta la tarde?".

Después que Moisés tratara de excusarse, Jetró le respondió: "No está bien lo que haces. Desfallecerás del todo, tú, y también este pueblo que está contigo; porque el trabajo es demasiado pesado para ti; no podrás hacerlo tú solo. Oye ahora mi voz; yo te aconsejaré, y Dios estará contigo".

¡Espera! ¿Estaba Jetro realmente dando a entender que si Moisés no comenzaba a delegar, Dios no estaría con él? La respuesta es sí.

Desde la perspectiva de un tercero, Jetro vio la señal de peligro de un líder al borde del desgaste. Por eso le advirtió a Moisés que las personas se fortalecen y se decaen en relación al liderazgo. Si Moisés se agotaba, aquellos que trabajaban con él también desfallecerían. Jetro sabía que el agotamiento no proviene del Señor, sino de la tendencia obstinada del hombre en hacer las cosas a su manera.

Jetro le siguió diciendo: "Está tú por el pueblo delante de Dios, y somete tú los asuntos a Dios. Y enseña a ellos las ordenanzas y las leyes, y muéstrales el camino por donde deben andar, y lo que han de hacer. Además, escoge tú de entre todo el pueblo varones de virtud, temerosos de Dios, varones de verdad, que aborrezcan la avaricia; y ponlos sobre el pueblo por jefes de millares, de centenas, de cincuenta y de diez" (Éx. 18:14-21).

Jetró le aconsejó a Moisés que delegara sus responsabilidades. Tú necesitas hacer lo mismo con las tareas que Dios te ha encargado. Él nos envía mentores, colaboradores y personas que nos ayudan a llevar la carga en nuestra vida para apoyarnos en la obra que Él nos ha llamado a realizar. Antes de que te agotes, mira a tu alrededor y busca los colaboradores que Dios podría haberte enviado.

Pedir ayuda no es una señal de debilidad. Dios nos diseñó para estar en comunión unos con otros, para ayudar cuando podemos hacerlo y para aceptar ayuda cuando lo necesitamos.

Entonces, ¿qué puedes hacer para aliviar tu carga?

Reconocer cuáles son tus límites. Nunca permitas que tu agenda se te salga tanto de control que ya no puedas manejarla. Haz un inventario personal. ¿Estás durmiendo lo suficiente? ¿Pasas suficiente tiempo con tus hijos? ¿Y con otras personas significativas de tu vida? Aprende a reconocer las señales de advertencia físicas, emocionales y mentales que tu cuerpo emite cuando está al borde del agotamiento.

Reconocer cuál es la voluntad de Dios. La voluntad de Dios para ti es "…[seguir] siempre lo bueno unos para con otros, y para con todos" (1 Ts. 5:15). No es ir de un lado al otro frenéticamente para poder terminar con todas las tareas al final del día; esto te desgasta a ti y a los que te rodean. Si siempre vives con un corazón ansioso, no estás en el centro de la voluntad de Dios.

Reconocer cuándo es tiempo de renunciar a tareas. Jesús nunca malgastó su tiempo y energía como nosotros lo hacemos hoy. La Biblia no nos da indicios de que Él trabajara todo el tiempo sin descansar. De hecho, muchas veces Jesús se escabullía solo a orar y descansar. Dado que estaba en la voluntad de Dios, Jesús podía ir a dormir sin haber sanado y salvado a todos los habitantes de Israel.

Reconocer qué es lo importante. Reconocer tus prioridades te ayudará a lograr más cosas, incluso cuando sientas que estás haciendo menos. La eficacia no tiene que ver con la cantidad de cosas que hacemos; tiene que ver con la calidad de lo que estamos haciendo y con entender que el Espíritu Santo es el responsable absoluto de multiplicar nuestros esfuerzos.

No sé contra qué cosas estás luchando en tu vida que son demasiado pesadas de cargar. Pero sé que en este momento, en algún lugar, algunas personas están esperando que tú les pidas que te ayuden. Tal vez sea una amiga que puede cuidar a tus hijos para que tú descanses. O un supervisor que te asegure que alguien hará tu trabajo, mientras te sometes al tratamiento de quimioterapia y radiación. O una consejera de crédito que está esperando que la llames para poder ayudarte a recuperar la salud y la libertad financiera.

Solo tú sabes qué te está agobiando. Pero Jesús está dispuesto a ayudarte a hacer lo necesario para aliviar tu carga, y ha enviado personas a tu vida para que te ayuden. Todo lo que tienes que hacer es pedirlo.

Vive el SUEÑO

Pedir ayuda no es una señal de debilidad.

Preguntas para LA REFLEXIÓN

- ¿Contra qué cosas estás luchando en tu vida que son demasiado pesadas de cargar?
- ¿A quién le puedes pedir que alivie tu carga? (Piensa en pedirles ayuda a tu cónyuge, familiares inmediatos y amigas. Además considera la posibilidad de contratar a alguien que te ayude).
- ¿Te sientes mejor cuando crees que estás en control de las cosas? Si es así, ¿por qué? ¿Estarías dispuesta a rendir el control de tan solo una cosa esta semana en vías de aliviar tu carga?

Día 5

Todo tiene su tiempo en la vida

¿Y quién de vosotros, por ansioso que esté, puede añadir una hora al curso de su vida?

MATEO 6:27 (BLA)

¿Crees que debes hacer todo ahora, en vez de aceptar que algunas cosas son para que las hagas ahora y otras para más adelante?

¿Crees que debes hacer todo lo que te piden o lo que quieres, en vez de reconocer que otras personas pueden ayudarte?

¿Te preocupa perder una oportunidad y temes que no te la vuelvan a ofrecer?

Si es así, piensa y evalúa de qué manera lo que crees afecta a la cantidad de asuntos que componen tu lista de cosas para hacer.

Podemos tener dos tipos de mentalidades: escasez y abundancia. La mentalidad de escasez está basada en el concepto de que no hay suficiente para todos (suficiente trabajo, suficiente amor, suficiente dinero), y la mentalidad de abundancia confía en que hay suficiente. Dado que los que tienen una mentalidad de escasez temen perder oportunidades, tienden a decir que sí a muchas cosas a fin de acumular para el futuro. Los que tienen una mentalidad de abundancia eligen creer que cualquier oportunidad que pierdan ahora estará esperándolos en otra ocasión. Reconocen que la oportunidad podría ser diferente en el futuro, pero están dispuestos a aceptarlo.

La mayoría de las mujeres combina la mentalidad de escasez y la de abundancia. A veces creen que hay suficiente para todos, y a veces temen que no. A menudo las cosas que más nos importan son asuntos que caen en el ámbito de la escasez, tales como el trabajo que hemos tratado de conseguir durante años o el hombre que hemos estado buscando por mucho tiempo. El temor de perder la oportunidad produce una urgencia que confunde nuestro pensamiento y nos lleva a tomar malas decisiones, tales como aceptar nuevas responsabilidades laborales justo cuando hay que atender a un familiar enfermo, o comprar una casa porque "el precio es estupendo", aunque esté más alla de nuestro presupuesto.

¿Crees que hay suficiente? ¿O actúas bajo la conjetura de que necesitas agarrar lo que puedas para ti en caso de que no haya suficiente para todos, o que debes agarrar lo que puedas ahora que tienes la oportunidad? Aunque estas preguntas son simples, entender tus respuestas puede ser complicado.

Eclesiastés 3:1 nos asegura que "todo tiene su tiempo, y todo lo que se quiere debajo del cielo tiene su hora". La vida es una sucesión de tiempos o períodos, y aunque puede que ahora estés criando niños pequeños y pienses que nunca volverás a tener otra conversación adulta o a salir de tu casa sin que se babeen sobre tu hombro, sin duda ese tiempo llegará. Aunque puede que actualmente te sientas atrapada por la responsabilidad de cuidar a la madre enferma de tu esposo, este también es un período de tu vida. Algunos períodos obviamente son más extensos que otros, pero a su tiempo, la mayoría de las cosas pasa.

En vez de sentir que necesitas hacer y experimentar todo ya, aprende a aceptar que puedes aprovechar algunas oportunidades ahora y dejar otras para más adelante. Esta mentalidad evita que sumemos muchos asuntos a nuestra lista de cosas para hacer y aceptemos tantas responsabilidades que caigamos en un grave desequilibrio.

Cuando hemos perdido el equilibrio, a menudo hemos sido nosotras mismas quienes han causado ese desnivel en nuestra vida. Desde luego, culpar a los demás por ello es más fácil que hacernos responsables. Decimos cosas como "tengo que hacerlo" o "no tengo otra opción", cuando en realidad tenemos la posibilidad de elegir. Es que simplemente decidimos no ejercerla. El ciclo continuará mientras lo permitamos. Solo cuando decidimos que el futuro va a ser diferente, pueden producirse los verdaderos cambios.

Jesús habló de la mentalidad de escasez sin tapujos cuando preguntó: ";Y quién de vosotros, por ansioso que esté, puede añadir una hora al curso de su vida?" (Mt. 6:27, BLA). Preocuparse por la posibilidad de que no haya suficiente o que no vuelva a haber otra oportunidad no agrega nada a la vida; le quita. Jesús nos asegura que el Padre cuida de nosotras. Cuando descansamos en este concepto, tener una mentalidad de abundancia es mucho más fácil.

La mentalidad de abundancia nos ayuda a mantener un equilibrio en la vida. En vez de pensar: *Si no es ahora, ¿cuándo?*; piensa: *Si no es ahora, será más adelante*. En vez de pensar: *Si dejo pasar esta oportunidad, puede que nunca vuelva a tenerla*; piensa, *si no vuelvo a tener esta oportunidad es porque no era para mí*.

La mentalidad de abundancia también nos lleva a creer que Dios proveerá cualquier cosa que necesitemos para cumplir con todo lo que debemos hacer. Saber esto es una de las armas más poderosas que tienes para mantener tu vida en equilibrio.

Vive el
SUEÑO

En vez de sentir que necesitas hacer y experimentar todo ya, acepta que puedes aprovechar algunas oportunidades ahora y dejar otras para más adelante.

Preguntas para
LA REFLEXIÓN

- ¿Tienes una mentalidad de escasez o de abundancia? ¿De qué manera la mentalidad de escasez contribuye al desequilibrio en tu vida?
- ¿Cómo puede Eclesiastés 3:1 ayudarte a lograr un equilibrio?
- ¿De qué manera saber que Dios proveerá influye en tu forma de pensar?

Semana 7

Secretos para superar los tiempos difíciles

El sufrimiento es el verdadero cemento del amor.
PAUL SABATIER

La vida es cruel. Cáncer. Accidentes automovilísticos. Violencia doméstica. Abortos espontáneos. Matrimonios llenos de sufrimientos. Divorcio. Familias con uno solo de los cónyuges. Pobreza. Cuidar de padres ancianos. El vacío que se produce cuando los hijos crecen y se van del hogar. Homicidio. Suicidio. Terrorismo. Huracanes. Tornados. Etcétera.

Si somos realmente sinceras con nosotras mismas, en algún momento hemos cuestionado a Dios por circunstancias desgarradoras como estas. *Dios, ¿por qué permites que me suceda esto? ¿Qué hice para merecer esto?* Muchas mujeres pueden identificarse con el clamor de David en el Salmo 6:6: "Me he consumido a fuerza de gemir; todas las noches inundo de llanto mi lecho, riego mi cama con mis lágrimas".

No podemos escapar del dolor. No hay ninguna vacuna para el mismo, y nadie es inmune. Incluso la creación se siente angustiada y "sometida a la frustración" (Ro. 8:20, NVI).

Sin embargo, Pablo dice que podemos "…[gloriarnos] en las tribulaciones…" (Ro. 5:3). Pero ¿en qué estaba pensando él? Cuando nuestra alma está en angustia y clamamos para que Dios extirpe nuestro cáncer, restaure nuestra relación matrimonial o llene nuestro corazón solitario con el amor que al parecer no podemos encontrar, el gozo parece imposible. Cuando estoy sufriendo, no puedo encontrar fuerza para hacer casi nada, mucho menos encontrar gozo.

Sin embargo, el sufrimiento tiene un propósito. La tierra está sujeta al sufrimiento con la esperanza de que será liberada de la esclavitud (Ro. 8:21). Los tiempos difíciles tienen el mismo propósito en nuestra vida. Cuando estamos en medio de circunstancias dolorosas, apenas podemos ver la esperanza y la luz al final del túnel. Pero Dios nos promete que si vivimos en obediencia a Él, el producto del sufrimiento será la perseverancia y la enterza de carácter. Estos atributos producen gozo y una esperanza que no defrauda (Ro. 5:5, NVI).

Ningún viaje es tan solitario como andar "...en valle de sombra de muerte..." (Sal. 23:4). Pero Jesús es el Consolador más compasivo. Los tiempos difíciles prueban nuestra fe, y es necesario confiar en otras personas cuando no tenemos la fuerza suficiente para seguir caminando solas. Aunque puede que no queramos aprender estas lecciones, ellas fortalecen nuestra fe, maduran nuestro carácter y hacen que los momentos de gozo de nuestra vida sean incluso más preciados.

Día 1

¿Por qué?

...sabiendo que la tribulación produce paciencia; y la paciencia, prueba; y la prueba, esperanza.

Romanos 5:3-4

El domingo 5 de noviembre de 2006 fue una noche de salida en familia que nunca olvidaré. El fin de semana había estado repleto de actividades. Habíamos viajado dos horas para el último campeonato de béisbol del año. Nuestro hijo Zach y su mejor amigo, Josh Barrick, jugaban en el equipo, y sus padres eran los entrenadores.

Llegamos a casa después del campeonato justo a tiempo de prepararnos para el servicio de las seis de la tarde en nuestra iglesia, donde nuestra hija Megan y la hermana mayor de Josh, Jennifer, eran parte del coro. La presentación del coro fue espectacular, y la respuesta de la congregación fue entusiasta. El abuelo de Jennifer era el orador invitado. Era una noche extraordinaria.

Después del servicio, la familia Barrick invitó a familiares y amigos a su casa a mirar juntos un partido de fútbol y a celebrar un fin de semana memorable. Cuando los invitados llegaron a la casa de la familia Barrick, se sentaron en la entrada de su casa a esperar. Y esperaron. Pero la familia Barrick nunca llegó.

Tim tenía que tomar un avión a las seis de la mañana del día siguiente, por lo tanto, decidimos pasar por alto el momento de camaradería en casa de los Barrick e ir inmediatamente a nuestra casa. Algunos minutos después de llegar, sonó el teléfono. Un hombre alcohólico había chocado de frente contra el automóvil de los Barrick, y el informe inicial de la situación de ellos era muy poco prometedor.

Cuando los momentos difíciles nos asaltan, personas bien intencionadas nos alientan a descansar en Jesús y a confiar en que Él se ocupará de todo. Pero eso es más fácil decirlo que hacerlo. En momentos de oscuridad y profundo dolor, necesitamos más que palabras elocuentes. Tú sabes tan bien como yo que cuando la tragedia golpea, puede hacer pedazos nuestras expectativas en el mundo y nuestra creencia en el Dios de amor. Cuando nuestra visión del mundo se estremece hasta lo más profundo, nuestra respuesta interna puede ir de sentimientos de aturdimiento total a una mezcla de ira descontrolada, profunda tristeza y temor espeluznante. Y en medio de estas emociones confusas, naturalmente nos preguntamos: *¿Por qué?*

¿Por qué le sucedió esto a personas tan buenas; una familia entera que no solo ama a Jesús, sino que vive con el propósito de dar a conocer su nombre?

¿Por qué estaban ahora los cuatro internados en diferentes hospitales, luchando por sobrevivir?

Milagrosamente, los cuatro miembros de la familia sobrevivieron. Josh fue el menos lesionado y se pudo reincorporar a la escuela una semana después. Sus padres, Andy y Linda, permanecieron en hospitales diferentes durante varias semanas en las que atravesaron diversas operaciones para reparar una plétora de huesos quebrados, nervios dañados y otras lesiones graves. Su proceso de recuperación aún continúa.

Jennifer, por otro lado, fue la que estuvo más grave. Lesionada con un traumatismo craneal, estuvo en coma durante más de un mes. Tres meses después del accidente, finalmente regresó al hogar. Pero ahora había comenzado una travesía diferente para la familia Barrick; una travesía que nunca se imaginaron que comenzarían al salir de la iglesia aquel domingo de noviembre, a la noche. Aunque en este momento está en su casa, Jennifer sigue luchando con una memoria limitada y problemas con la vista.

¿Por qué le sucedió esto a una muchacha tan bella con un brillante futuro por delante? ¿Por qué Dios permitió que esta prueba tocara a esta familia tan amada?

En algún momento de tu vida, te habrás preguntado por qué. Todas lo hemos hecho. Job también lo hizo. De hecho, estaba tan desesperado que maldijo su nacimiento y le preguntó a Dios: "¿Por qué no morí yo en la matriz, o expiré al salir del vientre?" (Job 3:11). Sepultado en el dolor, no veía ninguna esperanza. Y tampoco tenía fuerza para buscarla. Cuando Dios permitió que Satanás le arrebatara todo lo que amaba, Job clamó: "¿Dónde, pues, estará ahora mi esperanza? Y mi esperanza, ¿quién la verá?" (Job 17:15). En busca de algo que lo ayudara a atravesar ese tiempo, oró: "¿Cuál es mi fuerza para esperar aún? ¿Y cuál mi fin para que tenga aún paciencia?" (Job 6:11).

Cuando no tenemos fuerzas para buscar la esperanza que necesitamos y no estamos seguras de cómo hacer para seguir adelante, tendemos a refunfuñar con la pregunta del *porqué* y permitimos que esta nos atormente. ¿Cómo hacemos para ir más allá?

Orar. Cuando lo que tienes por delante parece demasiado para soportar, puedes buscar a Dios como hizo Job y pedirle fuerza para hacer lo que debes hacer. Él es lo único que Andy y Linda tienen para aferrarse. Cuando simplemente no sabes qué hacer, puedes pedirle al Espíritu Santo que te conceda sabiduría y entendimiento (Stg. 1:5).

Personas. Debes rodearte de una comunidad de personas que puedan ayudarte a atravesar los tiempos difíciles. No fuimos diseñadas para vivir estos tiempos en soledad, y a menudo el gran error que cometemos en las circunstancias difíciles de la vida es negarnos a aceptar la ayuda o alejarnos de los demás.

Proceso. Aunque puede que sepas realmente que puedes recurrir a Jesús en cualquier momento, muchas de nosotras estamos acostumbradas a entrar en acción cuando se necesita hacer algo. En consecuencia, tratamos de hacer cualquier cosa para escapar de los tiempos difíciles en vez de descansar y aprender en medio del dolor. Todo esto es un proceso; el sufrimiento tiene que ver con ser más como Él.

Puede que nunca recibas las respuestas a las preguntas del *porqué* que tienes. Dios tampoco le explicó a Job la razón de sus sufrimientos ni le ayudó a encontrar sentido a sus pérdidas. Pero resaltó la realidad de su soberanía y su amor incondicional por sus hijos.

Nuestro amor por Él no puede estar basado en cómo pensamos que Él nos está tratando. Dios espera que confiemos en Él y en su bondad a pesar de lo que nos suceda en la vida. Al final, Job encontró paz, no en las respuestas o circunstancias diferentes, sino en un profundo deseo de vivir en la presencia de Dios.

Las preguntas del *porqué* son un medio para llegar a un fin. E incluso aunque el fin podría no traer las respuestas que estás buscando, una vez que llegas a este, ya no estás preocupada acerca del *porqué*, pues algo más hermoso y satisfactorio ha sucedido: has experimentado la vida en presencia de Dios.

Que este sea el deseo de tu corazón.

Vive el SUEÑO

Permite que tus preguntas del porqué te conduzcan a algo más hermoso y satisfactorio: el deseo de vivir en la presencia de Dios.

Preguntas para LA REFLEXIÓN

- Enumera algunos de los tiempos difíciles que has atravesado. ¿Qué aprendiste de la naturaleza de Dios debido a estas dificultades?
- La Biblia nos dice que "la prueba [produce] esperanza; y la esperanza no avergüenza". ¿Qué significa esto para ti, y cómo puedes aplicarlo a tu vida?
- ¿Qué has hecho para tratar de encontrar una salida a los tiempos difíciles y cuál ha sido el resultado?

Día 2

El camino olvidado

La fe no es tan solo la paciencia que sufre pasivamente hasta que pasa la tormenta. Antes bien, es el espíritu que sufre; con resignación, sí, pero sobre todo, con esperanza incandescente y serena.

Corazón Aquino

¿Has estado alguna vez en una de esas reuniones de oración donde todos se reúnen en círculo, inclinan sus cabezas y puede que hasta se tomen de las manos, mientras uno de ellos ora audiblemente pidiendo —lo adivinaste— paciencia? Cosas de Santiago 1. "...Tened por sumo gozo cuando os halléis en diversas pruebas, sabiendo que la prueba de vuestra fe produce paciencia". Tú sabes a qué me refiero. En particular si han orado por ti.

La palabra *paciencia* se ha convertido en más que una simple palabra desagradable pronunciada en los círculos de oración. Hemos llegado a sentir como si el atributo de la paciencia fuera literalmente una maldición en nuestra vida. Y es fácil saber por qué. La paciencia es difícil. De hecho, la raíz de la palabra *paciencia* es *patior*, que significa "sufrir".

Sin embargo, hemos cometido una gran injusticia con nosotras mismas al denigrar este atributo necesario. Lamento admitir que estoy de acuerdo con lo que dijo A. W. Tozer acerca de los cristianos contemporáneos (yo incluida).

> Me temo que los cristianos contemporáneos son prontos para hablar y tardos en su conducta. Usamos un lenguaje

de poder, pero nuestras obras son obras de debilidad. Nos conformamos con palabras de religión, porque las obras son demasiado gravosas. Es más fácil orar: "Señor, ayúdame a llevar mi cruz cada día", que levantar la cruz y cargarla; pero dado que el simple pedido de ayuda para hacer algo que en realidad no tenemos la intención de hacer tiene un cierto grado de consolación religiosa, nos contentamos con la repetición de palabras.[1]

Todas queremos pasar al próximo nivel en nuestra relación con Cristo. Ese no es el problema. El problema está en nuestro temor. Tenemos miedo de pagar el precio de caminar por el camino angosto. Creo que a menudo nos olvidamos que "...estrecha es la puerta, y *angosto el camino* que lleva a la vida, y pocos son los que la hallan" (Mt. 7:14 cursivas añadidas). No sé tú, pero yo quiero ser parte de los pocos.

Una vez oí por casualidad que uno de los entrenadores de béisbol de Zach les decía a los muchachos que los mejores y más destacados jugadores de béisbol intentan de cuatrocientos a seiscientos golpes con el bate por día. Como madre, creo que es una locura pedirle eso a mi hijo. Pero también entiendo que si él quiere pasar al próximo nivel, tiene que trabajar duro para llegar allí. Las estadísticas revelan que de todos los niños de nueve a catorce años que juegan béisbol y compiten, diez de cinco mil consiguen una beca completa para jugar en la universidad, y solo uno de cinco mil llega a jugar profesionalmente. El camino al próximo nivel nunca es fácil.

Toma como ejemplo el recorrido de Cristo hasta el Calvario. Puede que usemos la consolación religiosa y la repetición de palabras para aliviar nuestro dolor, pero Jesús tomó el camino angosto, el difícil. Él entró a Jerusalén montado en un burro (Lc. 19:28-40). Como Henri Nouwen explica: "Jesús entró a Jerusalén... en un burro, como un payaso en un desfile. Aquella fue su manera de recordarnos que nos engañamos a nosotros mismos cuando nos empeñamos en conseguir victorias fáciles... El camino desde el Domingo de Ramos hasta la Pascua es el camino de la paciencia, el camino del sufrimiento".[2]

Jesús no vino a sanar a todo Israel o a llevarse todo el dolor que experimentamos.

Muchas mujeres han olvidado el camino que deben tomar para llegar al próximo nivel en su relación con Cristo. Han sido rechazadas por una sociedad que se mantiene a base de gratificación instantánea, tecnología ultrarápida y temor al compromiso. Lo queremos ya, o directamente no lo queremos. Incluso comprometerse con un contrato de dos años con una compañía de telefonía celular se considera una proeza valerosa en estos días. No es de asombrarse que nos mostremos reacias cuando escuchamos la palabra *paciencia*. Nuestra cultura la ha negado, y la mayoría de nosotras la ha olvidado.

Sin embargo, para descubrir el sueño de Dios para nuestra vida, tenemos que redescubrir el camino olvidado. Sin duda, el camino está pavimentado con paciencia, pero si tú vives tu vida tomando siempre otras rutas, con la esperanza de que un rápido devocional a la mañana y una oración de diez segundos por tu vecina con cáncer te lleven al próximo nivel, es probable que te decepciones y te llenes de resentimiento. Aprendemos paciencia cuando aceptamos los tiempos difíciles. Nouwen plantea: "Aprender paciencia es no rebelarse contra cada adversidad. Pues si insistimos en seguir cubriendo nuestro dolor con "Hosannas", corremos el riesgo de perder nuestra paciencia. Es probable que nos volvamos amargados y pesimistas o violentos y agresivos, cuando la superficialidad de la comodidad nos termine por irritar".[3]

Aprender paciencia, como Nouwen admite, no significa negar los tiempos difíciles. Como hemos visto, se trata de manifestar gozo "... cuando [nos hallemos] en diversas pruebas, sabiendo que la prueba de [nuestra] fe produce paciencia" (Stg. 1:2-3). Nadie quiere que su fe sea probada en las dificultades, pero esta es la única manera. De modo que cuando estés enojada con Dios, cuando no lo entiendas y cuando sientas que Él te ha abandonado, debes saber que su reacción no depende de tus sentimientos o tus circunstancias porque "Jesucristo es el mismo ayer, y hoy, y por los siglos" (He. 13:8). Él te ama y cuida de ti, y quiere que experimentes su gloriosa presencia (Jn. 17:24).

El orador Lois Evans utiliza la ilustración de un orfebre para enseñarnos el valor de la paciencia. La plata requiere de un tiempo suficientemente largo para refinarse y que sea utilizable, pero el orfebre no puede colocarla en el fuego y marcharse. Él sabe que podría estar trabajando con plata de diferentes calidades y tiene que regular la temperatura según el caso. Una vez que regula la temperatura, tiene que quedarse hasta ver su imagen en la plata.

Lois observa: "Jesucristo estará contigo cuando pases por el fuego, porque Él es un buen orfebre. Él va a estar allí hasta ver su imagen en ti y que se haga realidad lo que está queriendo ver en tu vida".[4] Jesús está dispuesto a ser paciente con nosotras, y nosotras debemos estar dispuestas a ser pacientes con nosotras mismas y con nuestra fe, mientras nos tomamos el tiempo necesario para pasar al próximo nivel.

A medida que aparecen y desaparecen las dificultades en la vida, recuerda el camino olvidado:

> "…aunque ahora por un poco de tiempo, si es necesario, tengáis que ser afligidos en diversas pruebas, para que sometida a prueba vuestra fe, mucho más preciosa que el oro, el cual aunque perecedero se prueba con fuego, sea hallada en alabanza, gloria y honra cuando sea manifestado Jesucristo" (1 P. 1:6-7).

Cuando estés enfrentando tiempos difíciles, recuerda la esperanza que se encuentra en la historia de la Pascua. Vida puede surgir después de una pérdida, y podemos soportarlo gracias a Jesucristo. La pregunta no es si tendrás una tragedia o una pérdida en tu vida. Esto se da por sentado. La pregunta es: ¿Qué vas a hacer con la tragedia y la pérdida? ¿Te dejarás someter por estas? ¿Te fortalecerás? ¿Madurarás? ¿Permitirás que te lleven al próximo nivel?

Vive el
SUEÑO

*Mas tenga la paciencia su obra completa,
para que seáis perfectos y cabales,
sin que os falte cosa alguna (Stg. 1:4).*

Preguntas para
LA REFLEXIÓN

- ¿Alguna vez te ha dominado la impaciencia? ¿De qué manera?
- ¿Qué podrías haber hecho diferente en aquella circunstancia para ser más paciente?
- ¿Qué ajustes has hecho para ser paciente en circunstancias similares?
- ¿Cómo ha sido probada tu propia fe?

Día 3

Acepta el resultado

Me aventuro a sugerir que la cualidad vital que los grandes santos tenían en común era la receptividad espiritual. Ellos diferían de la persona promedio en que, cuando sentían un anhelo interno, hacían algo al respecto. Habían adquirido el hábito persistente de responder de manera espiritual.

A. W. Tozer

Detrás de la alambrada de púas de la Penitenciaría del Estado de Florida, una madre espera para visitar a su hijo único. En vez de encerrarse en su propio sufrimiento, mira alrededor y observa las necesidades de los familiares de los reclusos que esperan con ella.

Carol Kent, oradora y escritora profesional, es además la cofundadora de un ministerio que nunca imaginó que desarrollaría. *Speak Up for Hope* [Una voz de esperanza] es una organización sin ánimo de lucro dedicada a dar asistencia a reclusos y sus familias.

La travesía comenzó con una llamada telefónica a medianoche que le informaba a Carol y a su esposo Gene, que su hijo, un graduado de la Academia Naval de los Estados Unidos con un historial impecable y una fuerte fe cristiana, había sido arrestado por el asesinato del ex marido de su esposa. Jason, el único hijo de la familia Kent, temía por la seguridad de sus dos hijastras; porque su padre biológico, al parecer maltratador, quería visitar a las niñas sin supervisión. Jason fue acusado de asesinato en primer grado.

Los Kent esperaron dos años y medio y pasaron por siete postergaciones del juicio de su hijo antes de ser declarado culpable y de que fuera condenado a prisión perpetua sin la posibilidad de libertad condicional.

No es el final que una madre desea o la historia que una oradora y escritora profesional cristiana desea contar. Pero Carol confía que Dios puede sacar algo bueno aun de las situaciones más terribles.

Yo solía ser lo que otros llamarían "profesional". Había obtenido mi licenciatura en Artes de la Comunicación, y había trabajado como escritora y oradora pública por más de quince años cuando mi hijo fue arrestado. De pronto, caí de bruces y pensé si alguna vez podría volver a hablar en público. Quería acurrucarme en posición fetal y morir. Mi proceso de refinamiento ha sido aprender que cuando soy débil, Él es fuerte. Cuando no tengo respuestas, Él es suficiente. Cuando no puedo seguir adelante, Él es el "que levanta mi cabeza". Cuando las lágrimas brotan (y es a menudo), no tengo que fingir que no estoy sufriendo. He descubierto que Dios obra mejor a través de mi sinceridad, angustia y quebranto, que lo que alguna vez obró a través de mi profesionalidad.

Aunque Carol no quiso pasar por su aflicción ni sus circunstancias, ha permitido que estas se conviertan en una plataforma para su ministerio. Ella confiesa: "No es el ministerio que quería, pero es un ministerio muy enriquecedor y profundo".

Ella también ha cultivado la habilidad de reconocer que los pequeños comienzos en la vida reflejan el amor de Dios por nosotras cada día, una habilidad que nos recuerda que Él está presente cuando parece estar ausente.

Hay veces que cuando regreso a mi casa después de visitar a mi hijo en la prisión, Dios me recuerda el gozo que experimenté al ministrarle a la esposa de un recluso en la prisión aquel día...
     He observado a mi hijo hacer uso de su liderazgo, educación y fe para alentar y motivar a los otros reclusos en medio de un lugar de mucha oscuridad y desesperanza.

Al abrir las cartas de esos reclusos, que me cuentan que Jason es una bendición para ellos por la manera en que los anima, siento la ternura de la sonrisa de Dios; y eso hace que mi dolor sea tolerable. Siento que Dios está usando mi dolor para darme un corazón compasivo y para hacerme más utilizable. No me gusta el proceso, pero acepto el resultado.[5]

¿Qué resultado positivo de los tiempos difíciles puedes ver en tu vida? Yo estoy aprendiendo que si no llego a un nuevo nivel de reconocimiento o entendimiento en medio del dolor, me pierdo la oportunidad de crecer personalmente. Y aun cuando puede que no haya buscado o invitado el crecimiento en mi vida, es la manera segura de desarrollar el potencial pleno para un ministerio más profundo y más enriquecedor.

En la obra teatral *Magnolias de acero*, uno de los personajes principales, después de sufrir la muerte de su hija, dice: "Lo que no nos mata, nos hace más fuertes". Lo que le faltó agregar es: "…solo si lo permitimos".

Pero no es fácil. El fuego refinador es necesario para eliminar las impurezas y producir fortaleza y gracia renovadas en nuestra vida (Sal. 66:10). Pero el fuego equivale a sufrimiento. Y el sufrimiento duele. A veces duele tanto que no podemos ver lo que nos espera al otro lado de la amargura, la angustia y la infelicidad. En cambio, caminamos cautelosamente por la vida para no tener que sentir nada demasiado profundo o hacer mucha introspección.

Pero puedes hacerlo. Puedes pasar al próximo nivel y vivir el sueño de Dios para ti al descubrir dónde sientes resistencia en tu vida y luego identificar lo que puedes aprender de ello. El autor Keri Wyatt Kent afirma:

> Creo que nuestra resistencia, si estamos dispuestos tan solo a identificarla y contenerla por un momento, nos mostrará dónde necesitamos sanidad en nuestra vida. En mi vida, la resistencia me muestra mi temor, en el cual no siempre me agrada pensar… A menudo, cuando sentimos presión o resistencia en la vida, queremos retroceder. Ir

más allá de la resistencia nos hará más fuertes. No huyas de tu sufrimiento, y Dios estará contigo en medio de tal circunstancia y sanará tu herida.[6]

La idea de estar con Dios puede generar temor o paz interior. Aquellas personas suficientemente valientes para estar con Él en medio de sus circunstancias, cualesquiera que sean, tienen la garantía de su provisión. Como Jesús dijo en el Monte de los Olivos antes de ser arrestado, podemos presentarnos delante de Dios y decir: "...Padre, si quieres, pasa de mí esta copa; pero no se haga mi voluntad, sino *la tuya*" (Lc. 22:42 cursivas añadidas). Al rendirnos, mostramos la disposición a crecer a través de circunstancias no deseadas.

Carol Kent ha estado extraordinariamente dispuesta a aceptar el resultado de los tiempos difíciles. Su respuesta es asombrosamente audaz, madura y valiente; una respuesta que sin duda me motiva a buscar lo "aceptable" en mis propias circunstancias difíciles. La mayoría de nosotras solemos sentirnos demasiado agobiadas durante los tiempos difíciles para comenzar a buscar aquello que podemos ofrecer.

Sin embargo, cuando nos rendimos comienza la sanidad.

Vive el
SUEÑO

Aceptar el resultado de los tiempos difíciles te llevará a un nuevo y más profundo nivel de sanidad y ministerio.

Preguntas para
LA REFLEXIÓN

- ¿Qué circunstancias no deseadas estás atravesando actualmente en tu vida?
- ¿Qué es lo "aceptable" respecto a estas circunstancias?
- ¿Qué pequeños comienzos puedes identificar que han reflejado el amor de Dios para ti durante los tiempos difíciles?

Día 4

Haz realidad el sueño de Dios

Tal vez, además de preguntarnos: "¿Qué está haciendo Dios?", debamos preguntarnos: "¿Qué está soñando Dios?".
Erwin McManus

Dios no está malgastando el dolor en tu vida. Él nunca malgasta una herida. Él te está sanando en este mismo momento y está usando ese dolor para mostrarte un sueño más grande del que te imaginas.

Joni Eareckson Tada descubrió su sueño, pero solo después del accidente al zambullirse, el cual la dejó tetrapléjica desde su adolescencia. En una silla de ruedas desde hace casi cuarenta años, ahora es una exitosa oradora, escritora y artista, y una entrañable defensora de los discapacitados. Pero hacer realidad el sueño de Dios ha sido una difícil travesía llena de dolor, paciencia y sanidad. Él te llama a ti y me llama a mí a la misma travesía.

A pesar del éxito de Joni, el dolor físico ha sacudido su fe muchas veces. Pero ella ha aprendido a aceptar la esperanza que no avergüenza, porque Dios nos promete que si somos obedientes a Él, el producto del sufrimiento será la perseverancia, la entereza de carácter y la esperanza (Ro. 5:3-5, NVI). La *esperanza*, como la define Nouwen, "es la disposición a dejar sin responder las preguntas que no tienen respuesta y a no conocer el futuro que es desconocido. La esperanza te hace ver la mano de Dios que te guía, no solo en los momentos tranquilos y placenteros, sino también en las sombras de la decepción y la oscuridad".[7]

Joni comenta: "Cuando confío en Dios en medio del dolor más

espantoso, mi esperanza se desarrolla, ni qué decir de mi carácter".
Cuando confiamos, hacemos lugar a la esperanza.

Confiar que Dios nos revele su sueño en nuestra vida y nos dé esperanza, a menudo, requiere una fuerza de voluntad extraordinaria. Cuando Joni se despierta y piensa: *Señor, no puedo seguir adelante… no tengo fuerzas*, se niega a permitir que sus emociones desciendan al sendero oscuro y sombrío de la depresión. Y en cambio, ora: *Jesús, no tengo fuerzas; pero tú sí. No tengo recursos, pero tú sí. No puedo hacer esto, pero tú sí.* Ella dice: "Cuanto más débil soy, más tengo que confiar en el Señor; y cuanto más confío en Él, descubro que es más fuerte. Dios siempre parece más grande para aquellos que más lo necesitan".[8]

Esto me enseña una lección. *Cuanto más confío en Él, descubro que es más fuerte.* Cuando estoy en el valle oscuro y profundo, tengo que recordar que debo aferrarme a la seguridad de que Dios nunca malgasta una herida y que, en mi dolor, realmente necesito confiar en Él.

Pablo lo hizo. El maligno lo atormentaba. Todo el infierno estaba contra él. Y en el valle oscuro, clamó a Dios, no solo una vez sino tres veces, para que le quitara su aguijón en la carne (2 Co. 12:7-8). Realmente lo incomodaba. Pero Dios decidió no quitárselo.

Pablo se dio cuenta de algo especial en ese momento, algo que Dios quiere mostrarte a ti y quiere mostrarme a mí: Él está usando nuestra debilidad para hacer su obra en nuestra vida, desarrollando confianza para que su sueño para cada una pueda llegar a hacerse realidad. Podríamos parafrasear lo que Pablo dice: "Cuando soy débil y sé que Él está allí, que está presente; soy libre y soy fuerte" (2 Co. 12:9).

¿Has participado alguna vez de ese juego en el que te caes hacia atrás confiando en que el que está detrás te agarre? En ese momento, rindes el control total y confías plenamente en que esa persona te va a sujetar.

Dios quiere enseñarte lo mismo acerca de Él; tú no tienes el control de tu vida, sino Él. Y quiere mostrarte que cuando parece que está totalmente ausente y te caes hacia atrás, en realidad está allí, bien presente, para agarrarte. Dios camina a tu lado aun cuando tú no puedes verlo, oírlo o sentirlo. Él te proporciona lo que necesitas para soportar el dolor intenso, las circunstancias increíbles y los hechos inexplicables. En tu debilidad, Él quiere que pongas tu esperanza en Él y permitas que te demuestre que no te defraudará.

Pero esto requiere que des un paso de fe; y debes estar dispuesta a dar ese primer paso. Así como los israelitas, para quienes las aguas del río Jordán "se detuvieron como en un montón" cuando los sacerdotes que llevaban el arca del Señor dieron un paso y entraron al agua (Jos. 3:16), nosotras también debemos dar el primer paso, incluso cuando las circunstancias que estamos atravesando refuten nuestra capacidad de hacerlo.

Después llega la provisión. Y otra vez, igual que los israelitas, no sabemos cómo será la provisión, o cómo o de dónde vendrá. Pero llega. "Jesús dice que la madurez significa una disposición progresiva a ser guiado, incluso a lugares que no elegiríamos con entusiasmo".[9]

Con mucha frecuencia, la adversidad empaña nuestra visión del futuro. Y aunque hay mucha incertidumbre por delante, tienes que estar dispuesta a dar el primer paso, sabiendo que una cosa es cierta: puedes tener seguridad de quién es Dios. Hasta con dificultades en la vida, Él ha vencido al mundo (Jn. 16:33). De modo que "olviden las cosas de antaño; ya no vivan en el pasado. ¡[Dios va] a hacer algo nuevo! Ya está sucediendo, ¿no se dan cuenta? [Está] abriendo un camino en el desierto, y ríos en lugares desolados" (Is. 43:18-19, NVI).

J. I. Packer explica que Dios tiene un propósito para nuestro dolor:

> Este es el propósito de toda la obra de la gracia: un conocimiento más profundo de Dios y una comunión más íntima con Él. Por su gracia Dios nos atrae a nosotros, pecadores, a su presencia. ¿De qué manera Dios lleva a cabo este propósito? No es al protegernos de los ataques del mundo, de la carne y del diablo, o al protegernos de las circunstancias agotadoras y frustrantes, ni siquiera al protegernos de los problemas creados por nuestro propio temperamento y nuestra psicología; sino, antes bien, al exponernos a todas estas cosas, con el fin de incomodarnos con el sentido de nuestra propia insuficiencia, lo cual nos lleve a aferrarnos fuertemente a Él. Esta es la máxima razón, desde nuestro punto de vista, de por qué Dios permite que nuestra vida se llene de problemas y perplejidades de un tipo o de otro; es para asegurarse de que nos aferremos fuertemente a Él.[10]

Raras veces entendemos cómo Dios nos perfecciona por medio del dolor. Pero el hecho de que no lo entendamos no significa que no lo esté haciendo. Él sí lo está haciendo porque tiene un sueño preparado para cada una de nosotras.

Vive el
SUEÑO

Dios usa la adversidad para ayudarnos a hacer realidad su sueño en nuestra vida.

Preguntas para
LA REFLEXIÓN

- ¿Has confiado alguna vez en Dios y encontrado fortaleza como resultado?
- ¿Qué te atemoriza más que dar el primer paso en la adversidad? ¿Cómo puedes vencer el temor de caminar en la esperanza que no avergüenza?
- Escribe acerca de un tiempo en tu vida cuando tus pasos eran lentos o inciertos. ¿De qué manera caminó Dios junto a ti en ese tiempo?

Día 5

Las manos y los pies de Jesús

Quiero que te intereses por tu vecino.
¿Conoces al que vive al lado de tu casa?

MADRE TERESA

Pregúntale a la mayoría de las mujeres de hoy qué le gustaría ser. ¿Necesitada? ¿Dependiente? ¿Débil? ¡Sin duda que no! ¿Independiente? ¿Autosuficiente? ¿Fuerte? ¡Sí!

Hace poco me conmovió algo que dijo Carol Kent: "Yo solía ser la que administraba compasión, y no me gustaba ser la persona necesitada. Cuando permití que las personas más cercanas a mí fueran las manos y los pies de Jesús en medio de mis horas más oscuras, experimenté el consuelo de recibir su amor".

Igual que Carol, nosotras no queremos ser mujeres necesitadas. Así soy yo. Nos incomoda que los demás se enteren de que en nuestra vida no todo está bien. No queremos deberle nada a nadie. Nos preocupa lo que piensan los demás cuando ven la mezcla de emociones que se esconde bajo la superficie de nuestra elegante apariencia. Todas estas razones, y muchas otras más, nos impiden aceptar la ayuda que viene en respuesta a los tiempos difíciles.

La ayuda puede venir de fuentes inesperadas. Una colega que te ofrece un pañuelo en respuesta a lágrimas que se escapan. Una vecina desconocida que te lleva la cena a tu casa cuando se entera de que tu madre ha fallecido. Una amiga que se ofrece a cuidarte los niños para que puedas viajar al funeral de tu sobrina. Aunque puede que no todas estas mujeres sean cristianas, todas son las manos y los pies de Jesús en las horas oscuras.

Después de su accidente, Joni Eareckson Tada descubrió que otras personas eran, literalmente, sus manos. Incapaz de hacer nada por sí misma, dependía de las manos de otras personas para hacer lo que ella no podía hacer. Con el tiempo y paso a paso, aprendió a pintar, a escribir y a manejar una palanca sujeta a su brazo. Joni reconoce que antes de su accidente "nunca se había interesado en personas como ella". Ahora, se goza al invertir su tiempo y energía en otras personas que sufren.

Para atravesar los tiempos difíciles, es necesario que desarrollemos un nuevo conjunto de habilidades. Puede que necesitemos hacer preguntas que nunca hicimos o aceptar cosas que parecen inaceptables. Puede que nos volvamos sensibles a cosas que anteriormente ignorábamos. Puede que tengamos que enfrentarnos a sentimientos desagradables con los que no sabemos qué hacer. Puede que nuestra lucha requiera cambios difíciles en nuestras relaciones presentes o cambios intimidantes en nuestro ser interior. En medio de la confusión y el caos, puede que tengamos que agarrarnos del salvavidas que alguien nos ofrece. Y cuando esto sucede, tenemos que decidir si vamos a aceptar la ayuda; una decisión que a menudo es desagradable debido al orgullo y la falta de disposición a estar en deuda con otro.

Jesús baja del cielo y se hace real por medio de las manos de otras personas, de modo que cuando rechazamos la ayuda de los demás, lo estamos rechazando a Él. Puede que hayamos clamado por la ayuda de Dios, pero cuando viene en forma de otro ser humano, nos cuesta aceptarla. ¿Cuál es el motivo?

El orgullo a menudo nos impide aceptar que otras personas nos ministren. Nuestra necesidad de ser autosuficiente subyuga nuestra disposición a aceptar ayuda. No queremos parecer personas débiles o necesitadas. Y sin embargo, cuando tengamos la valentía suficiente de aceptar ayuda —y para hacerlo se requiere coraje—, descubriremos, igual que Carol Kent, "el consuelo de recibir su amor".

Atravesar tiempos difíciles incluye otra dimensión. En vez de centrarnos únicamente en nuestras dificultades, también debemos preguntarnos cómo podemos ayudar a otros en el valle profundo que están atravesando. Además de reconocer que otras personas pueden ser las manos y los pies de Jesús para nuestra vida en los tiempos difíciles, tenemos que estar dispuestas a *ser* las manos y los pies de Jesús para otras personas también. Los gestos no tienen que ser costosos o espectaculares. De hecho, los detalles atentos hechos a su debido tiempo son más importantes. Los pequeños gestos adquieren gran importancia cuando se está sufriendo. Cuando mi padre estaba enfermo, tan solo una breve llamada telefónica o un correo electrónico de una amiga muchas veces eran suficientes para ayudarme a atravesar ese día.

Las estadísticas dicen que alguien que tú conoces está en aflicción en este momento. ¿De qué manera puedes usar tus manos para ayudarla? Te animo a que la llames y le preguntes cómo está. Envíale una tarjeta o flores. Prepárale una cena. Invítala a pasar tiempo contigo o simplemente a sentarse a tu lado para que puedas escuchar el torbellino de emociones conflictivas que hay en su corazón.

A menudo es fácil recibir apoyo los primeros días después de un cambio trascendental en la vida; de modo que pregúntate cómo puedes influir en otra persona en el plazo de una semana, un mes o un año. Recordar el primer aniversario de un fallecimiento no requiere más que anotar la fecha en el calendario, pero el efecto de ese gesto es grandioso. Las personas a menudo sienten pavor de recordar el primer año del fallecimiento de un familiar, pero su dolor se alivia cuando saben que otros lo están recordando junto con ellas.

Si en este momento estás atravesando tiempos difíciles, ¿de qué manera podrías permitir que los demás representen para ti las manos y los pies de Jesús? ¿Puedes aceptar el ofrecimiento de una comida? ¿El ofrecimiento de transporte? ¿La disposición a hacerte un mandado o ir al supermercado en tu lugar? ¿El ofrecimiento a cumplir tus responsabilidades para que tú puedas salir? Decir que sí hará que Jesús te brinde su consuelo a través de las personas que Él ha colocado específica y expresamente en tu vida.

Permite que las manos de otras personas te abracen en los tiempos difíciles. Luego, transmite el amor por medio de tus propias manos cuando otro esté en necesidad. Es así como Dios baja del cielo durante los tiempos difíciles.

Vive el
SUEÑO

Además de reconocer que otras personas son las manos y los pies de Jesús para ti en los tiempos difíciles, debes estar dispuesta a ser las manos y los pies de Jesús para otras personas.

Preguntas para
LA REFLEXIÓN

- Menciona ejemplos de cómo otras personas han sido las manos y los pies de Jesús en tu vida.
- ¿Te cuesta aceptar la ayuda de los demás? Si es así, ¿por qué?
- ¿Cómo podrías caminar junto a una persona que esté atravesando un valle oscuro en este momento, y ser las manos y los pies de Jesús para ella?

Semana 8

Secretos para encontrar libertad

Para libertad fue que Cristo nos hizo libres…
Gálatas 5:1 (bla)

¿Cómo describirías a la persona que es libre? ¿Dichosa? ¿Independiente? ¿Alegre? ¿Cariñosa? ¿Animada? ¿Apasionada? ¿Te describen estas palabras a ti?

¿Cuántas mujeres de las que conoces son realmente libres? Mi intuición me dice que no son muchas. Hay esclavitud por todos lados. Nos persigue nuestro pasado, nos abruma la autocompasión, no estamos dispuestas o no podemos perdonarnos a nosotras mismas, o perdonar a los demás, y somos esclavas de nuestra necesidad de controlar. En vez de vivir una vida grande, vivimos una vida pequeña. En vez de vivir la vida con audacia, la vivimos con timidez. En vez de correr libremente, renqueamos arrastrando las piernas de metal que hemos sujetado a nuestras propias piernas.

Eso no es lo que Jesús quiere para nuestra vida.

Una vida con Cristo es una vida de posibilidades, de cambios y de nuevos comienzos. Es una vida de esperanza y segundas oportunidades. Es una vida de libertad; pero solo si decides aceptar la libertad que Él te ofrece.

Jesús dice: "He aquí, yo estoy a la puerta y llamo; si alguno oye mi voz y abre la puerta, entraré a él, y cenaré con él, y él conmigo" (Ap. 3:20). Él quiere entrar a tu corazón y hacerte libre. ¿Se lo permitirás?

La libertad comienza cuando permitimos que Cristo entre en nuestra vida. Luego debemos estar dispuestas a identificar nuestras limitaciones y temores, y renunciar a ellos. Debemos estar dispuestas a admitir nuestra responsabilidad y a desvincularnos de aquello que no lo es. Debemos ser crudamente sinceras con nosotras mismas y con el Dios que nos ama. Una vez que hemos encontrado la libertad, debemos estar dispuestas a mantenerla, porque el mundo y todo lo que hay en él están en contra de nuestra vida y conspiran para arrebatarnos nuestra libertad.

Cristo vino para que puedas ser libre. ¿Estás viviendo en libertad?

Día 1

La potestad de decidir

Siempre estamos preparándonos para vivir, pero nunca vivimos.

Ralph Waldo Emerson

Mi esposo a menudo cita una frase famosa de la película *Corazón Valiente* que dice: "Todo hombre muere; pero no todo hombre realmente vive".

A pesar del hecho de que William Wallace vivió bajo el corrupto gobierno inglés como un escocés y fue martirizado por sus creencias, cuando pronunció estas palabras era un hombre libre. Y aunque sabía que iba a morir, se negó a permitir que nada ni nadie determinaran cómo iba a vivir.

Lamentablemente, la mayoría de las personas hoy día viven atadas en esclavitud. Llenas de enojo y frustración, viven resignadas. Pierden la esperanza en su matrimonio, sus hijos y su trabajo, y *se dan por vencidas*. Esto es lo que los psicólogos llaman "indefensión adquirida". En esta fase, las personas llegan a creer literalmente que no tienen control sobre su vida, quedan atrapadas en un sistema —familia, gobierno, empleo, institución, cultura— y no pueden ser libres. No saben cómo cambiar las circunstancias de su vida, de modo que dejan de intentarlo y en cambio se transforman en agentes pasivos dentro del sistema. Se excusan a sí mismos y culpan a los demás, porque creen que no hay salida. Entonces se desarrolla un ciclo destructivo, que les consume la vida.

¿Te has infectado con la indefensión adquirida? ¿Conoces a alguien que lo está? Es una prisión de la que muchas personas no escapan.

Victor Frankl, un sobreviviente del campo de exterminio nazi, escribió: "A un hombre se le puede sacar todo, menos una cosa: la última libertad del ser humano; la libertad de decidir la actitud que manifestará en cualquier circunstancia dada; la libertad de decidir su proceder".

Esto es inspirador. Aun en las peores circunstancias menos imaginables, Frankl se dio cuenta de que podía decidir su actitud. Es lo único que nadie pudo quitarle. Es algo que nadie puede quitarte a ti tampoco.

Pero decidir tu actitud no es fácil. Hay que pagar un precio.

El camino a la libertad comienza al darte cuenta de que siempre tienes la potestad de decidir, aun cuando sientes que no la tienes. En los momentos más oscuros de la vida, cuando tus opciones son limitadas, sigues teniendo la potestad de decidir.

Puede que necesites decidir entre lo malo y lo peor, pero la decisión es tuya.

A menudo puedes decidir entre lo bueno y lo mejor. Mientras estés dispuesta a seguir ejerciendo la libertad de decisión, siempre tendrás la oportunidad de mejorar, ser mejor y que te vaya mejor en la vida.

Una vez que hayas aprendido que tienes la potestad de decidir, debes reconocer de qué cosas eres esclava. ¿Te sentías poca cosa en tu etapa de crecimiento? ¿Lo que piensas de ti te impide hacer cosas que te encantaría hacer? ¿Te has distanciado de otras personas porque tienes temor de lo que podrían pensar de ti? ¿Tomas decisiones basándote en lo que otros podrían pensar de ti? Una vez que identificas lo que te está esclavizando, debes decidir cómo dejar de ser esclava de esas cosas.

Para romper con tus patrones disfuncionales, hace falta que cambies tus creencias y tu conducta hacia lo que te está esclavizando. Tendrás que cortar conscientemente toda relación con los sistemas que consideras importantes al decidir cortar la relación entre tu actitud y lo que te está esclavizando. Para ser verdaderamente libre, hay que renunciar a algo.

Nuestro Padre celestial entiende. Por eso envió a su único Hijo a morir por ti y por mí; para que pudiéramos experimentar la verdadera libertad. Él nos mostró su amor de una manera que no podemos ignorar. Ser libre es decidir aceptar lo que Jesús hizo en la cruz por nosotros y permitir que, como resultado, nuestra vida sea diferente. No sé donde experimentas esclavitud en tu vida. ¿Eres esclava del pasado? ¿Sientes vergüenza de lo que esconde tu historia personal? ¿Estás atrapada por la adicción, el adulterio o la deuda? ¿Te sientes viva cuando tienes la agenda llena o muchas cosas para hacer? ¿Interfiere la amargura en tus relaciones personales? Solo Dios y tú saben contra qué estás batallando en este momento. Pero como dijo sabiamente Albert Einstein: "No podemos resolver los problemas con el mismo patrón de pensamiento que usamos cuando los creamos".

Cuando estamos dispuestas a aceptar la gracia que Dios nos ofrece libremente por medio de Cristo, estamos dando el primer paso esencial hacia la verdadera libertad. Después de aceptar esta gracia debemos estar dispuestas a *pensar* de manera diferente. Ya no dependemos de nuestros puntos fuertes y nuestras habilidades.

"La mente humana es interesante", dicen los escritores Bill y Kathy Peel en su libro *Descubra su destino*. "La mente solo puede enfocarse en un par de cosas a la vez. Cuando estamos preocupados por un problema y nos enfocamos en nuestra propia incapacidad de resolverlo, realmente no hay lugar para incorporar a Dios en la situación. La capacidad de pensar racionalmente regresa solo cuando nos volvemos a enfocar en la suficiencia de Dios".[1]

La suficiencia de Dios nos ayuda a encontrar la libertad. Sin embargo, si eres como yo, tiendes a confiar en tu propia suficiencia primero y a recurrir a Él solo cuando has llegado al límite de tus fuerzas. Pero no podemos proceder así, pues esto limita nuestra libertad. Liz Curtis Higgs escribe acerca de no resistirse.

> Jesús quiere que crezcamos en la fe, y solo crecemos cuando llegamos al límite de nosotros mismos... Es ahí cuando debemos dejar a un lado al Dios de nuestro propio entendimiento y aceptar al Dios verdadero. Debemos desechar nuestra pulcra idea de Jesús como un Dios encasillado, para buscar al Cristo verdadero, a Aquel que no entra en una tumba, pero es suficientemente pequeño

para entrar en nuestro corazón y suficientemente grande para salvar a todo el mundo.²

¡Esto es poderoso! Para ver a Dios por quién es Él, debemos sacarlo de la casilla en la cual lo hemos colocado y reconocer la importancia de nuestra potestad de decidir. Y decidir caminar con Él expande infinitamente nuestro potencial.

Tanto Jesús como el mundo están golpeando a la puerta de tu corazón.

Vive en libertad o vive en temor. La decisión es tuya.

Vive el SUEÑO

Para ser verdaderamente libre, hay que renunciar a algo.

Preguntas para LA REFLEXIÓN

- ¿Qué relación interna con otras creencias u otros sistemas debe desaparecer para que seas libre?
- ¿Qué decisiones debes tomar para ser libre?
- ¿Cómo puedes aceptar la libertad que Cristo trae y vivir con más audacia y valor?
- ¿De qué manera la suficiencia de Dios afecta hoy a tus pensamientos? ¿Crees que Él es suficiente? ¿Actúas como si Él lo fuera?

Día 2

Vale la pena esperar

Paciencia es esperar. No esperar pasivamente; esto es pereza. Pero seguir adelante cuando seguir es difícil y pesado; esto es paciencia.

Autor desconocido

Richard Swenson formula una pregunta minuciosa en su libro *Margin* [Margen]:

¿Qué hacíamos con todo nuestro tiempo antes de tener semáforos, embotellamientos de tráfico, teléfonos y líneas ocupadas, televisiones, interrupciones, correo publicitario, reunión de comités y escritorios desordenados? ¿Qué hacíamos con nuestro tiempo antes de malgastarlo en hacer compras que no necesitamos?... ¿Es posible que usáramos el tiempo para cosas inherentemente más valiosas que el tráfico urbano, las líneas telefónicas ocupadas y el correo publicitario? ¿Es posible que el tiempo se usara para conversar, servir, descansar, orar?[3]

Con razón somos tan impacientes. El tiempo es un bien tangible, y tenemos que aprovecharlo al máximo. Pero ¿lo hacemos? Como la generación del microondas —la generación que creció con almuerzos instantáneos y cenas congeladas, puré de papas instantáneo y ahora mensajes instantáneos—, creemos que cuanto más rápido terminamos una tarea, más tiempo tenemos para las demás.

Pero esto nunca funciona, ¿verdad? Cuanto más rápido terminamos una cosa, más nos saturamos; y cuanto más nos saturamos, más nos estresamos. Perdemos la paciencia y nos olvidamos de Dios. Es hora de escapar de las cosas que nos tienen cautivas, incluso nuestra esclavitud al límite de tiempo que nos hemos impuesto. La Biblia es clara: "El corazón del hombre piensa su camino; mas Jehová endereza sus pasos" (Pr. 16:9).

Así como a ti y a mí nos gustaría establecer cada detalle de nuestra vida, Dios no solo establece el *qué* de nuestra vida, sino también el *cuándo*. Debido a esto, necesitamos aprender a esperar, lo cual no es tarea fácil cuando vivimos en una sociedad donde más rápido es mejor.

Karon Phillips Goodman habla del juego de la espera en su libro *¡Señor, estás tarde otra vez! Una guía para la mujer impaciente sobre el tiempo divino*. Ella menciona varias razones para esperar; una de las cuales es el autodesarrollo: "Una gran parte de la espera, evidentemente, está dedicada a saber quién soy para saber quién puedo llegar a ser, las respuestas se van revelando con cada angustiosa espera".[4]

Os Guinness, en su libro *The Call* [La llamada], escribe que a fin de "descubrir quién eres, primero debes descubrir quién no eres". A medida que vas descubriendo quién eres y quién llegarás a ser, comienzas a ver lo que realmente necesitas para que el sueño de Dios se haga realidad en tu vida. Y cuando le permites a Él pintar el tapiz de tu futuro, descubres que realmente vale la pena esperar hasta que sea el tiempo divino.

Pero debes estar dispuesta a esperar en el Señor. Como Tim escribe: "El problema es que nos gustan demasiado los atajos. Parece que siempre estamos dispuestos a pasar por alto la pureza que necesitamos en el corazón para desarrollar y sustentar la pureza en el desempeño externo".[5]

Esperar pacientemente en el Señor no es algo fácil de hacer. Pero al esperar en Él, obtenemos la libertad de la certeza. No estamos seguros del resultado, pero estamos seguros de quien está supervisando el resultado. Charles Spurgeon dijo: "Dios es demasiado bueno para ser cruel. Es demasiado sabio para estar confundido. Aunque no puedo seguir el rastro de su mano, siempre puedo confiar en su corazón". Cuando buscamos su consejo y esperamos hasta tener claridad, somos libres para movernos con confianza, ya sea acercarnos a algo que es bueno para nuestra vida o alejarnos de algo que no lo es.

El rey David aprendió el valor de la paciencia:

- "Aguarda a Jehová; esfuérzate, y aliéntese tu corazón; sí, espera a Jehová" (Sal. 27:14).
- "Nuestra alma espera a Jehová; nuestra ayuda y nuestro escudo es él" (Sal. 33:20).
- "Guarda silencio ante Jehová, y espera en él. No te alteres con motivo del que prospera en su camino, por el hombre que hace maldades" (Sal. 37:7).
- "Espera en Jehová, y guarda su camino, y él te exaltará para heredar la tierra; cuando sean destruidos los pecadores, lo verás" (Sal. 37:34).
- "Porque en ti, oh Jehová, he esperado; tú responderás, Jehová Dios mío" (Sal. 38:15).
- "Pacientemente esperé a Jehová, y se inclinó a mí, y oyó mi clamor" (Sal. 40:1).

A veces nuestra espera no tiene que ver simplemente con el autodesarrollo. A veces tiene que ver con la preparación y la predisposición. "Estar en una sala de espera puede ser terriblemente confuso a veces, en especial cuando sientes que has hecho las cosas bien o has tomado la decisión correcta, y aún así, te encuentras esperando. No tengas miedo; solo quiere decir que estás esperando *algo diferente* antes de seguir adelante".[6]

Muchas veces no sabemos qué es el "algo diferente". Pero Dios lo sabe. Él es un Dios omnisciente y te ha examinado y conocido. Él sabe cuando te sientas y cuando te levantas; conoce desde lejos tus pensamientos. Ha escudriñado tu andar y tu reposo; y todos tus caminos le son conocidos. Aún no está la palabra en tu lengua, y el Señor la sabe toda (ver Sal. 139:1-4).

El Dios que sabe lo que vas a decir antes que las palabras salgan de tu boca es el mismo que sabe cuál es el propósito de cada una de las esperas en tu vida. Dios tiene muchas razones para hacernos esperar, ninguna de las cuales conocemos hasta después. Por ejemplo, puede que Dios quiera que esperemos hasta que…

- obtengamos mayor conocimiento;
- surjan circunstancias más favorables;
- tengamos el apoyo de los demás;
- dispongamos de provisión económica;
- estemos emocionalmente preparadas.

Tenemos dos opciones: esperar pacientemente y aprender en el proceso, o esperar impacientemente y perdernos cualquier refinamiento que la demora pueda producir en nuestra vida. La escritora Cindy Crosby escribe esto acerca de la espera: "Dios, ¿cuál es este misterio? ¿Que al esperar, tú llenas la espera de belleza, no obstante previamente desconocida para mí?".[7]

Esperar puede revelar la belleza. Pero la mayoría de nosotras está demasiado ocupada para buscarla, o en realidad no creemos que valga la pena esperar por la belleza. Algunas de nosotras simplemente tenemos miedo de la incertidumbre. Pero la belleza se encuentra dentro de la incertidumbre, porque con la incertidumbre viene la posibilidad. Y con la posibilidad viene la esperanza.

Para poder experimentar la libertad que Jesús vino a traer, no debes resentirte por las demoras que experimentas en la vida. Aunque podrías hacer que las cosas sucedan según tu propio límite de tiempo, a menudo experimentas resultados indeseables cuando tomas las cosas en tus propias manos.

Procura orar mientras esperas. Al hacerlo, descubrirás el valor de dejar que las cosas sucedan en el tiempo de Dios. Al esperar también encontrarás la belleza; la posibilidad de que el sueño de Dios para tu vida esté justo del otro lado.

Vive el
SUEÑO

A medida que descubres quién eres y quién llegarás a ser, comienzas a ver lo que realmente necesitas para que el sueño de Dios sea real en tu vida.

Preguntas para
LA REFLEXIÓN

- ¿Qué estás esperando en tu vida en este momento?
- ¿Qué has aprendido acerca de ti misma y de la provisión de Dios en tus tiempos de espera?
- ¿Cómo sería "esperar pacientemente" en tu vida, y qué diferencia habría con la manera en que esperas ahora?

Día 3

Deja que el pasado sea el pasado

*Sabiduría: vivir el presente, planificar el futuro
y beneficiarse del pasado.*

Autor desconocido

El pasado no es pasado si está afectando tu presente.

¿Qué secretos escondes? ¿Estás cargando el gran peso de la vergüenza? ¿Estás arrastrando algún tipo de bagaje?

Para encontrar la verdadera libertad en Cristo, hay que dejar que el pasado sea el pasado. Pero muchas de nosotras no podemos hacerlo. Aunque sabemos intelectualmente que Dios en Cristo nos ha hecho libres, nos persiguen los recuerdos, y muchas veces nos recriminamos por cosas que hicimos. Algunas cosas las hicimos hace muchos años, y otras las hicimos ayer. Todas nos atan y nos agobian. Algunas cosas las guardamos en secreto en nuestro corazón y oramos para que nunca las sepa nadie. Y nos avergonzamos de otras tantas que ya se han hecho públicas.

Los problemas sin resolver de tu pasado forman un yugo de esclavitud que afecta a tu presente, te des cuenta o no. En realidad, estamos tan enfermas como nuestros secretos.

Cualquier cosa que te limite, cualquier cosa que te estorbe, ahora es el tiempo de olvidarla. Puedes aprender de tus errores y estar arrepentida por haberlos cometido inicialmente, pero si quieres ser libre, no puedes seguir resaltando tus errores como evidencia de tu indignidad o tu fracaso. Esto no es lo que Dios quiere para ti.

En su libro *Radical Forgiveness* [Perdón radical], la escritora Julie

Barnhill nos invita a sacar los secretos a la luz y olvidarnos de ellos: "Los secretos mantienen su poder solo cuando están ocultos. Una vez que se exponen a la luz del amor de Dios y se revelan, pierden su poder. ¿Por qué no sacas hoy a la luz los secretos escondidos de tu corazón y decides que de ahora en adelante no volverán a tener poder sobre tu vida?".[8]

No te estoy pidiendo que te olvides de todo los recuerdos dolorosos de tu pasado. No sería ni bíblico ni beneficioso. Te estoy retando a que les impidas que vuelvan a tener poder sobre tu vida. "Una mente llena de recuerdos sin resolver y necesidades insatisfechas del pasado es una mente colmada de dolor, que empañará y contaminará la verdad que recibe en el presente".[9]

Si queremos ser libres, debemos decidirnos a soltar el poder que el pasado tiene sobre nuestra vida. Tal vez tu dolor provenga de una o más de las siguientes circunstancias:

1. Tuve un aborto.
2. Fui una mujer promiscua.
3. Tuve una aventura extramatrimonial.
4. Le robé a mi empleador.
5. Golpeé a mis hijos.
6. Mentí en mi declaración de impuestos.
7. Defraudé varias veces a mis padres.
8. Abandoné los estudios.
9. Perdí mi trabajo.
10. _____.

Dejé el último en blanco para que puedas agregar cualquier cosa de tu pasado que te persiga.

Hay cuatro pasos que te ayudarán a ser libre del control que estas circunstancias tienen sobre ti:

Reconócelas. Dios ya las conoce, pero es importante que reconozcas delante de Él tus acciones y tus decisiones para ser libre del control que tienen sobre ti.

Admite la responsabilidad. Este paso es necesario, aunque hubieras reaccionado a circunstancias que escapan a tu control o a la conducta de otra persona. Para admitir la responsabilidad, es necesario que seas sincera contigo misma y con Dios.

Repara la falta. Si es necesario que te disculpes, hazlo; pero solo si hacerlo no lastima a ninguna otra persona o vuelve a abrir una antigua herida. A veces puedes dejar de un lado el pasado sin implicar a otras personas.

Perdónate a ti misma. Rehusar perdonarnos a nosotras mismas a menudo hace que vuelvan a aparecer cosas de nuestro pasado en nuestro presente. Antiguas malas decisiones desestabilizan nuestra confianza para tomar decisiones en el presente. Antiguas actividades perniciosas producen recuerdos del pasado y afectan nuestra capacidad de disfrutar la libertad en Cristo, en el presente. Esto no tiene que ser así. En la Biblia, *perdón* significa "abandonar, despedir o dejar solo". Perdonarnos a nosotras mismas significa abandonar los recuerdos del pasado, para centrarnos en el presente y el futuro.

Puede que sigas atrapada en alguna de las conductas ya enumeradas. Si es así, haz del presente tu pasado antes de tocar fondo. Tal vez ya hayas comenzado a hundirte. Cualquiera que sea tu circunstancia, toma la decisión de cambiar tu conducta ahora antes de caer más bajo. Pídele a Dios su guía, su fortaleza y su poder para soltar el control que estas acciones tienen sobre ti. Recuerda Filipenses 4:13: "Todo lo puedo en Cristo que me fortalece".

Como Tim escribe: "La verdadera entrega comienza con determinación, muy cerca del lugar donde tocas fondo. Pero haces esta entrega con tus ojos puestos en Cristo, no en aquello que le entregas a Él".[10]

Las cosas que nos tienen cautivas nos privan de disfrutar una relación más profunda y plena con Cristo. Entregar tu pasado no significa mortificarte por las cosas que hiciste, sino enfocarte en Aquel que ve más allá de esas cosas, ve lo que hay en tu corazón.

Es tiempo de dejar que el pasado sea el pasado. Saca tus secretos a la luz y concéntrate solamente en Aquel que puede sanarte.

Vive el
SUEÑO

El pasado no es pasado si está afectando a tu presente.

Preguntas para
LA REFLEXIÓN

- ¿Qué carga estás llevando de la cual quisieras despojarte? (Puede que te resulte más fácil escribir los incidentes específicos en una hoja de papel aparte, en vez de escribirlos en tu diario. Cuando lo hagas, quema o rompe la hoja, para mostrar tu disposición a renunciar al control que estas cosas tienen sobre ti).
- Julie Barnhill escribe: "Los secretos mantienen su poder solo cuando están ocultos. Una vez que se exponen a la luz del amor de Dios y se revelan, pierden su poder". ¿Estás de acuerdo o en desacuerdo con ella? ¿Por qué?
- ¿Cómo puedes centrarte más en Aquel que ve más allá de tu pasado, ve tu corazón?

Día 4

Ríndete

La fe, según Pablo, era algo vivo y apasionante, que producía el sometimiento y la obediencia a los mandamientos de Cristo.

A. W. Tozer

¿Qué tal si te rindes totalmente? Sé que piensas que es una idea irrisoria. Una idea *imposible*. Después de todo, los demás dependen de ti: tus hijos, tu cónyuge, tu jefe. Tal vez, tus padres y algunas de tus amigas. Y también varios miembros de tu familia de la fe.

¿Rendirse totalmente? Puede que pienses que es una locura.

Pero en realidad, una locura sería lo opuesto: no rendirse en absoluto. Benjamín Franklin escribió: "La definición de locura es hacer lo mismo una y otra vez sin experimentar resultados". ¿No es esto lo que nosotras hacemos? Siempre queremos tener el control de todo y hacer las cosas a nuestra manera; sin embargo, siempre terminamos preguntándonos qué estamos haciendo mal.

Rendirnos es exactamente lo que debemos hacer. De hecho, es lo que Dios nos llama a hacer: colocar todo lo que nos pertenece en sus manos.

Muchas personas malentienden el rendirse con darse por vencido. Pero no lo es. Angela Thomas Guffey escribe: "Rendirse es dejar de intentar hacer las cosas por uno mismo. Es, después de haber intentado vivir la vida sin Dios, o tan solo con una relación informal con Él, darse cuenta de que la vida es insoportable, miserable y superficial. Rendirse es saber en lo más profundo del corazón que uno no es suficiente".[11] Jesús nos invita a rendir nuestra vida y todas nuestras responsabilidades para experimentar su suficiencia. En Juan 15:4-11, Él nos da la siguiente instrucción:

"Permaneced en mí, y yo en vosotros. Como el pámpano no puede llevar fruto por sí mismo, si no permanece en la vid, así tampoco vosotros, si no permanecéis en mí. Yo soy la vid, vosotros los pámpanos; el que permanece en mí, y yo en él, éste lleva mucho fruto; porque separados de mí nada podéis hacer. El que en mí no permanece, será echado fuera como pámpano, y se secará; y los recogen, y los echan en el fuego, y arden. Si permanecéis en mí, y mis palabras permanecen en vosotros, pedid todo lo que queréis, y os será hecho. En esto es glorificado mi Padre, en que llevéis mucho fruto, y seáis así mis discípulos. Como el Padre me ha amado, así también yo os he amado; permaneced en mi amor. Si guardareis mis mandamientos, permaneceréis en mi amor; así como yo he guardado los mandamientos de mi Padre, y permanezco en su amor. Estas cosas os he hablado, para que mi gozo esté en vosotros, y vuestro gozo sea cumplido".

Jesús nos invita a permanecer en Él para que *su gozo esté en nuestra vida y que nuestro gozo sea cumplido*. Rendirnos produce gozo. Doris Leckey explica un poco más: "A fin de cuentas, rendirse no tiene que ver con darse por vencido, sino con decidirse a vivir".[12]

¿Es posible realmente rendirse *y* decidirse a vivir? Pareciera que rendirse tuviera que ver con darse por vencido. Pero esta es simplemente una de las tantas paradojas de la fe cristiana. Lo que al principio parece ser mutuamente excluyente, en realidad está íntimamente relacionado. Al renunciar ganamos, al ceder afirmamos y al rendirnos, en realidad, tenemos mucho más control.

Rendirse puede llegar a ser algo terrible. Si nos rendimos, ¿se derrumbará toda nuestra vida? Si cedemos, ¿se extraviarán nuestros hijos? Si no tenemos el control de nuestra vida, entonces, ¿quién es el que maneja el timón?

La verdad es que nunca hemos tenido el control. Creer que lo tenemos es una ilusión que nos ha sostenido a través de varios años y varios tiempos difíciles. Rendirse simplemente significa reconocer y aceptar la verdad: todo descansa en las manos de Dios, y es mejor que esté allí.

Rendirse no significa abandonar tu responsabilidad. Sigues siendo responsable de tu familia, tu iglesia, tu trabajo y tus compromisos financieros. Antes bien, significa que invitas a Dios a formar parte de tu vida más íntimamente. De este modo, experimentas la libertad de la presión que produce tener que saberlo todo, hacerlo todo y serlo todo. Una vez que la presión desaparece, estamos en condiciones de alcanzar la plenitud total y ser nosotras mismas. Como Leckey menciona, "es precisamente al rendirnos, al entrar en completa unión con el Señor, al permitirle tomar el control de nuestra vida, que descubrimos quiénes somos en verdad".[13]

¿Qué necesitas rendir? ¿El control? ¿El temor? ¿El perfeccionismo? ¿Lo que piensan los demás? ¿Una relación difícil?

En realidad, Dios nos llama a rendirlo *todo*: colocar hasta la última pieza de nuestra vida en sus manos, y luego dar un paso atrás y observar cómo Él realiza su maravillosa obra. Cuando rendimos nuestros deseos más profundos y nuestras preocupaciones más grandes a Dios, Él nos sorprende y nos abre caminos de maneras impensadas, y nos da la energía de hacer nuestro trabajo con un nuevo entusiasmo.

Cuanto más nos rendimos, más podemos lograr. Esto es contrario a lo que es lógico, pero es verdad. Jesús es claro cuando nos dice: "Separados de mí nada podéis hacer". En Mateo 19:26 Él nos dice: "…para los hombres esto es imposible; mas para Dios todo es posible".

Entonces, ¿por qué no entregarle todo a Él y confiar en su poder, fortaleza y sabiduría? Si haces esto, encontrarás la libertad.

Vive el
SUEÑO

Rendirse no significa darse por vencido. Significa invitar a Dios a formar parte de tu vida más íntimamente.

Preguntas para
LA REFLEXIÓN

- Jesús nos invita a experimentar su suficiencia. ¿Qué piensas al respecto? Más importante aún, ¿cómo responderás a esta invitación?
- ¿Luchas con la idea de rendirle todo a Dios? Si es así, ¿por qué?
- ¿Cómo puedes invitar a Dios a formar parte de tu vida más íntimamente?

Día 5

Acude a Él

*...Hija, tu fe te ha hecho salva; ve en paz,
y queda sana de tu azote.*

MARCOS 5:34

Una de las historias más conmovedoras de la Biblia es la de una mujer que hacía doce años que padecía de flujo de sangre. *Doce años.* Sabemos muy poco acerca de ella. No conocemos su nombre. No conocemos qué ocasionaba sus hemorragias. No conocemos nada acerca de su trasfondo.

Creo que la falta de detalles es intencional. En vez de juzgar su persona o su proceder, o comparar su enfermedad con la de otras personas, simplemente podemos aprender de su historia.

"Y vino uno de los principales de la sinagoga, llamado Jairo; y luego que le vio, se postró a sus pies, y le rogaba mucho, diciendo: Mi hija está agonizando; ven y pon las manos sobre ella para que sea salva, y vivirá. Fue, pues, con él; y le seguía una gran multitud, y le apretaban. Pero una mujer que desde hacía doce años padecía de flujo de sangre, y había sufrido mucho de muchos médicos, y gastado todo lo que tenía, y nada había aprovechado, antes le iba peor" (Mr. 5:22-26).

Aunque no conocemos su nombre o sus circunstancias, conocemos lo suficiente como para sentir compasión. Esta mujer había padecido hemorragias por doce largos años. En vez de recibir ayuda, "había sufrido mucho de muchos médicos". Si alguna vez has estado enferma y has recorrido los consultorios de varios médicos, sabes cuán desgastante y desalentador puede llegar a ser. Aun más desalentador era para esta mujer que había "gastado todo lo que tenía". Esta es la situación: es probable que esta mujer estuviera débil, delicada y anémica. Estaba desesperada, sin dinero y sin esperanza; hasta que escuchó acerca de Jesús. Había corrido la voz de que Jesús se especializaba en casos difíciles, como liberar a un hombre endemoniado, curar a un leproso y resucitar al único hijo de una viuda. Ella también era un caso difícil, y lo sabía. ¿Era posible que Jesús pudiera hacerla libre de su enfermedad también a ella? Decidió arriesgarse y creer que lo haría.

"Cuando oyó hablar de Jesús, vino por detrás entre la multitud, y tocó su manto. Porque decía: Si tocare tan solamente su manto, seré salva. Y en seguida la fuente de su sangre se secó; y sintió en el cuerpo que estaba sana de aquel azote" (vv. 27-29).

Observa su fe frente a la desesperanza. Este es Jesús: el Dador de la esperanza. Pero Él hace más que darnos esperanza; también recompensa nuestra esperanza cuando acudimos a Él.

"Luego Jesús, conociendo en sí mismo el poder que había salido de él, volviéndose a la multitud, dijo: ¿Quién ha tocado mis vestidos? Sus discípulos le dijeron: Ves que la multitud te aprieta, y dices: ¿Quién me ha tocado?" (vv. 30-31).

Puedo imaginarme a los discípulos cuestionando lo que había dicho Jesús. Era un manicomio. Las personas apretaban y empujaban para tratar de llegar hasta Jesús. Con tantas personas amontonadas tan cerca, todos sentían que los demás los tocaban accidentalmente. Sin embargo, este toque era algo distinto. Liz Curtis Higgs escribe: "Hay una gran diferencia entre rozar contra alguien o tocarlo. Uno es accidental, el otro es intencional. Uno es al pasar, el otro es a propósito. Uno podría ser rudo, el otro casi seguro es tierno".[14]

Jesús advirtió aquel toque tierno, porque hizo que saliera poder de Él. Este no era simplemente el toque de alguien que se abría paso entre la multitud. Era el toque de una persona creyente.

"Pero él miraba alrededor para ver quién había hecho esto. Entonces la mujer, temiendo y temblando, sabiendo lo que en ella había sido hecho, vino y se postró delante de él, y le dijo toda la verdad. Y él le dijo: Hija, tu fe te ha hecho salva; ve en paz, y queda sana de tu azote" (vv. 32-34).

Siempre me avergüenzo cuando leo esta parte de la historia. ¿Hubiera tenido el valor que mostró esta mujer? ¿Hubiera realmente admitido ser la que tocó su manto? Esta mujer había conseguido lo que estaba buscando. ¿Por qué no se escabulló entre la multitud para escapar apenas pudiera?

La respuesta es simple: aunque ella había sido impura físicamente por más de una década, nunca había perdido su sinceridad y su integridad. Estaba asustada cuando se postró a los pies de Jesús, pero le dijo toda la verdad. Lucas 8:47 nos dice: "Entonces, cuando la mujer vio que no había quedado oculta, vino temblando, y postrándose a sus pies, le declaró delante de todo el pueblo por qué causa le había tocado, y cómo al instante había sido sanada". Aunque estaba asustada, se convirtió en una evangelista dispuesta, un ejemplo viviente de lo que se produce cuando acudimos a Cristo.

Observa lo que sigue después: Jesús le habló. En aquellos días, los rabinos no hablaban con las mujeres en público. Lo que Jesús hizo fue escandaloso. Sus palabras fueron aun más escandalosas: "Hija, tu fe te ha hecho salva". Jesús no solo la sanó físicamente, sino que la sanó emocionalmente al recibirla en la familia de Dios. Y después le dijo que su fe la había sanado. ¡Por supuesto que el poder de Jesús había tenido que ver con su sanidad! Pero Él le atribuyó el mérito a su fe —su disposición a acudir a Él—, como la razón de haber sido libre de su enfermedad. Él reconoció lo sucedido y después le habló con ternura para alentarla. Finalmente le dijo: "…ve en paz, y queda sana de tu azote".

Jesús anhela hablarnos de la misma manera a ti y a mí. Dónde has estado o qué has hecho no importa. Lo que importa es quién es Él. ¡Él es el Dador de la esperanza y tu boleto a la libertad!

Vive el
SUEÑO

Jesús no solo nos da esperanza; sino que además recompensa nuestra esperanza cuando acudimos a Él.

Preguntas para
LA REFLEXIÓN

- ¿Qué te conmueve más acerca de la historia de esta mujer anónima que padecía de hemorragias?
- ¿Hubieras tenido el valor de admitir haber tocado el manto de Jesús si hubieras sido la mujer de la historia? ¿Por qué sí o por qué no?
- Jesús dice: "Ve en paz, y queda sana de tu azote". ¿En qué ámbito de tu vida necesitas aplicar estas palabras?

Semana 9

Secretos para fomentar una relación íntima con Dios

Lo que hace a la humildad tan deseable es lo maravilloso que origina en nosotros; nos hace aptos para disfrutar de la mayor intimidad posible con Dios.

Monica Baldwin

Cuando Tim y yo éramos novios, nunca nos conformábamos con lo que recibíamos uno del otro y siempre buscábamos la manera de estar juntos. Estábamos enamorados, emocionados y apasionados. Cuando estábamos juntos, parecíamos atontados; pero demasiado apasionados para preocuparnos por lo que pensaban los demás. El amor origina eso en ti. Y puede ser muy hermoso.

Dios desea lo mismo contigo. Él te creó para tener relación e intimidad contigo, y quiere que estés enamorada, emocionada y apasionada por Él. Él es el "Dios que te busca", Aquel que nunca deja de ir tras de ti.

Pero la mayoría ni siquiera se da cuenta de que Él está buscando tener intimidad con nosotras. O si nos damos cuenta, puede que tengamos miedo de ello. Si nos cuesta tener intimidad en las relaciones terrenales que nos han traicionado, herido o rechazado de alguna manera, ¿cómo podemos desarrollar intimidad con un Dios que nunca podemos ver? Muchas mujeres viven con esta paradoja; desean tener intimidad con Dios, pero no están seguras de cómo tener una relación de este tipo.

Mira a tu alrededor. ¿Cuántas mujeres ves en tu oficina, iglesia, comunidad o familia, que viven en total desenfreno por Dios y no les importa lo que otros puedan pensar? ¿Qué sucedió con la pasión, con las personas ardientes por conocerlo y darlo a conocer? Muchas de nosotras estamos experimentando una crisis en el corazón. A menudo tenemos temor de tener intimidad con Dios y con los demás, y superar este temor es casi imposible. Nuestras excesivas ocupaciones y horas de trabajo y nuestra incapacidad de desconectarnos de nuestro mundo electrónico han sofocado la llama ardiente de nuestro corazón. Como una sociedad que promueve el hazlo-tú-misma, llena de más lujos del que podemos llegar a usar, muchas veces creemos que solo necesitamos a Dios en ciertos momentos. Somos como el padre del niño que Jesús sanó, el cual confesó: "...Creo; ayuda mi incredulidad" (Mr. 9:24). Creemos en Jesús para salvación, pero a menudo no creemos que Él pueda satisfacer las necesidades de la vida diaria. Donde no confiamos, no experimentamos intimidad.

Solo cuando cerramos esta brecha de incredulidad y reconocemos que separados de Él nada podemos hacer (ver Jn. 15:5), abrimos la puerta a la verdadera intimidad y comenzamos una aventura de amor con Aquel que ama nuestra alma. Como Donald Miller escribe, "creo que lo más importante dentro de la espiritualidad cristiana es que una persona se enamore de Jesús".[1]

Solo entonces el fuego de tu corazón volverá a arder. Sé que no es fácil, pero quiero que cierres la brecha de la incredulidad en tu vida y descubras qué puede originar realmente el verdadero amor en ti.

Día 1

¡Tienes una carta!

*La Biblia te alejará del pecado,
o el pecado te alejará de la Biblia.*

Dwight L. Moody

"¡Pierde diez kilos ahora y rebaja tres tallas en dos semanas!" "¡Mejora tu vida sexual de la noche a la mañana!" "¡Nosotros compraremos tu casa por el doble de su valor!" Ya sea que llegue al buzón de correo de nuestra casa o a la bandeja de entrada del correo electrónico, a todas nos fastidia recibir correo publicitario no solicitado con mensajes sin sentido. Pero si te dijera que tienes una carta que podría literalmente cambiar tu vida, ¿la abrirías?

Solo hay una carta con un mensaje vivo y radical que puede avivar tu corazón para toda la vida: la Biblia. "Toda la Escritura es inspirada por Dios, y útil para enseñar, para redargüir, para corregir, para instruir en justicia, a fin de que el hombre de Dios sea perfecto, enteramente preparado para toda buena obra" (2 Ti. 3:16-17). Muchas mujeres tienen devocionales diarios o leen libros acerca de la fe cristiana; pero la mayoría de estos recursos en realidad no nos exhorta a abrir y leer la palabra de Dios.

¿Te desilusionaste cuando te diste cuenta de que hablaba de la Biblia en el ejemplo introductorio? *Otra vez con lo mismo. Uno más que me insiste para que lea la Biblia.* Si es así, te comprendo. Yo sé lo que se siente. Abrir la Palabra cuesta trabajo. Soy la primera en admitir que reclinarse en un sillón a mirar televisión al final del día es más fácil. Pero también te digo que batallar contra este fastidio es la única manera de encontrar el poder eterno del Espíritu Santo que producirá en ti querer abrir la Biblia todos los días.

¿Cuánto hace que abriste tu Biblia? Cuándo la lees, ¿te tomas tiempo para reflexionar en lo que Dios te está diciendo? No te hago estas preguntas para hacerte sentir culpable. El Señor sabe que todas tenemos problemas para cumplir con esta tarea. En cambio te hago estas preguntas para motivarte a leer la Palabra de una forma regular.

Tu actitud tiene mucho que ver con el hecho de leer o no leer la Biblia. ¿Lees la Biblia como si fuera una tarea monótona o consideras que es una aventura que no te puedes perder? Deberíamos ir a Dios y a su Palabra con un espíritu expectante. Estas son algunas sugerencias para hacer que la lectura de la Biblia sea una aventura.

Léela en voz alta. Yo sé que no siempre es posible (¡aunque los demás clientes de un café podrían estar interesados en escucharte leer en voz alta el Cantar de los Cantares!). Bromas aparte, yo experimento la Biblia de una manera realmente diferente cuando pronuncio sus palabras con mi boca y me escucho leer. El mismo acto de leer en voz alta —o escuchar a otros hacerlo— me ayuda a escuchar verdaderamente y comprender el mensaje hablado, como también a notar cosas que de otro modo pasaría por alto.

Escúchala atentamente. A veces estamos tan enfocadas en la cantidad que leemos, que en realidad no logramos comprender el significado correcto del texto. Keri Wyatt Kent habla de este asunto en su libro *Oxygen* [Oxígeno]. Ella sugiere escuchar atentamente, pero para esto es necesario que leamos menos y entendamos más. Ella nos instruye: "Lee lentamente, dejando que las palabras penetren en tu alma, escuchando hasta que encuentres la palabra o la frase que llega hasta tus fibras más íntimas".

Al leer, observa la palabra o las palabras que parecieran sobresalir del texto. Anótalas o resáltalas. Después de leer, Kent sugiere que pases tiempo meditando en una palabra o frase en tu mente. "¿Qué quiere decirte Dios? ¿Hay alguna palabra de aliento o reto de parte de Dios en lo que leíste? ¿Qué quiere Él que tú sepas?".[2]

Escuchar atentamente requiere trabajo extra. Pero bien vale la pena por el beneficio que recibimos, pues podemos sentir la voz de Dios que nos guía con más claridad cuando nos tomamos el tiempo de meditar en las palabras que resuenan en nuestro interior (o nos hacen sentir incómodas) y escudriñar qué significan. Escuchar atentamente nos ayuda a encontrar lecciones nuevas en historias que ya conocemos, y que, de otra manera, no podríamos descubrir.

Personalízala. Colocar tu propio nombre en las Escrituras resalta el poder de las palabras. De este modo, tú reconoces la provisión de Dios y reclamas las promesas bíblicas para ti.

Por ejemplo, es así como queda el Salmo 91:10-16 cuando lo personalizo:

> No le sobrevendrá mal a Julie,
> ni plaga tocará su morada.
> Pues a sus ángeles mandará acerca de Julie,
> que la guarden en todos sus caminos.
> En las manos llevarán a Julie,
> para que su pie no tropiece en piedra.
>
> Sobre el león y el áspid pisará Julie;
> hollará al cachorro del león y al dragón.
> Por cuanto en mí ha puesto su amor, yo también la libraré;
> la pondré en alto, por cuanto ha conocido mi nombre.
>
> Me invocará, y yo le responderé;
> con ella estaré yo en la angustia;
> la libraré y le glorificaré.
> La saciaré de larga vida,
> Y le mostraré mi salvación.

Personalizar las Escrituras es una buena manera de reprimir el temor, la desilusión y la desesperanza, así como de recordar las promesas que Dios nos ha hecho.

Cambia el orden. Comenzar desde el principio de la Biblia y leer consecutivamente hasta el final puede parecerse más a una obligación que a una aventura. Por este motivo, podrías considerar cambiar el orden un poco. Escoge primero un libro de la Biblia que siempre quisiste leer. Busca materiales de apoyo que te ayuden a entender al autor y su trasfondo. Averigua por qué se escribió el libro y su contexto. De esta manera, tu lectura será más sustanciosa e interesante. Después que hayas terminado este libro de la Biblia, elige otro. Continúa hasta que hayas leído toda la Biblia. ¡Después comienza de nuevo!

Elige una Biblia especializada que supla tus necesidades. Tim es editor ejecutivo de *The Bible of Hope* [La Biblia de la esperanza], que incluye artículos temáticos, reseñas biográficas y pasajes clave que abordan una amplia variedad de asuntos de interés actual, entre los cuales se incluyen la soledad, el abuso, la comunicación matrimonial y el perdón. Echa un vistazo al sector de las Biblias de tu librería cristiana local o busca una Biblia por la Internet que supla tus necesidades específicas. Encontrarás toda clase de Biblias, incluso Biblias para leer en un año, devocionales, cronológicas y para la mujer, y una especialmente para nuevos creyentes. Puede que una de estas Biblias sea justo lo que necesitas para infundir nueva vida a tu lectura de la Palabra.

El término *intimidad* puede entenderse mejor como "conocer el interior". Para fomentar intimidad con el Dios del universo, debes conocer su interior. Primero, Dios envió a Jesús. Después te envió una carta de amor en forma de Biblia. Cuanto más lo conoces a Él y conoces su Palabra, más íntimos llegan a ser.

Ábrela. Léela. Piensa en ella. Ora sobre ella. Acéptala. Todos los días tienes una carta. Ve a tu "buzón interior" y escucha lo que Dios te está diciendo.

Vive el
SUEÑO

Lámpara es a mis pies tu palabra, y lumbrera a mi camino (Sal. 119:105).

Preguntas para
LA REFLEXIÓN

- Procura leer la Biblia en voz alta. ¿Te sientes incómoda al hacerlo? Si es así, ¿por qué?

- Procura escuchar atentamente. Lee Lucas 13:10-17. Al leer, fíjate en las palabras que resuenan en tu interior. ¿Qué te quiere decir Dios? Ora para que Él te ayude a entender.

- Si actualmente no estás leyendo la Biblia con regularidad, ¿qué puedes hacer para incorporar esta práctica a tu andar cristiano?

Día 2

Cuando las mujeres oran

La historia de tu vida será una historia de oración y respuestas a la oración. La lluvia de respuestas a la oración te seguirá hasta tu último suspiro.

O. Hallesby

Todas nos hemos preguntado "por qué". Puede que en este momento estés atravesando un período de tu vida en el cual le estás preguntando a Dios por qué; o por qué no.

Dios, necesitamos dinero —clamas en tu desesperación—. *¿Por qué no nos ayudas?* O tal vez: *Dios, todo lo que siempre quise fue alguien que me ame y con quien envejecer. ¿Por qué no ahora?* ¿Le has preguntado alguna vez: "Dios, ¿acaso no te importa?"?

Cansadas de quejarse continuamente, demasiadas mujeres se angustian y se enojan con Dios a causa de la oración. O en vez de angustiarse y enojarse, se sienten culpables, porque otras personas a su alrededor parecen estar orando mucho más que ellas. Ya sea que se angustien, se enojen, se sientan culpables o se avergüencen, en definitiva, Dios parece distante. Pero no es así.

El Señor te escucha y quiere que hables con Él. "Tarde y mañana y a mediodía oraré y clamaré, y él oirá mi voz" (Sal. 55:17). No puedes tener una relación íntima con alguien con el que no hablas. Es así de simple.

Entonces, ¿cómo podemos terminar con esta continua queja de que Dios está distante? ¿Cómo oramos para poder relacionarnos íntimamente con nuestro Padre celestial?

En su libro *Whole Prayer* [Oración integral], Walter Wangerin identifica cuatro partes del círculo de la oración, "Primero, hablamos mientras, segundo, Dios escucha. Tercero, Dios habla mientras, cuarto, nosotros escuchamos". Además, comenta: "Nosotros hablamos *con* Dios, no le hablamos *a* Dios. Dios habla con nosotros también, lo cual forma un círculo completo y cerrado entre nosotros".[3] Si nos concentramos en estos cuatro aspectos, nos estamos asegurando de que nuestra conversación con Dios sea justamente eso, una conversación que cierre un círculo.

¿Conoces a alguien que no sabe cuándo dejar de hablar? ¿Alguien que evitas porque si comienzas a hablarle nunca llegarás a tu casa a tiempo para preparar la cena? ¿Alguien que habla y habla, y cuando finalmente tienes la oportunidad de intervenir y hablar, no te queda otra cosa que decir: "Bueno, me tengo que ir", solo para tener que repetirlo veinte minutos más tarde? Piensa en la angustia y frustración interna al alejarte y sentir como si no fueras nada más que un paño de lágrimas. Cada vez que ves a esta persona, te preparas para una conversación unilateral.

Creo que la mayoría de nosotras hace lo mismo con Dios. Simplemente monologamos al presentarle nuestras peticiones, contarle nuestras inquietudes y preocupaciones de la vida, y, tal vez, uno que otro agradecimiento. Pero una relación íntima es conocerse uno al otro interiormente, y solo puedes conocer el interior de una persona al escuchar lo que esta tiene que decir; una conversación bilateral y recíproca en la que se habla y se escucha.

Cuando *realmente* escuchamos, estamos en mejores condiciones de escuchar a Dios que nos habla por medio de su Espíritu Santo, de la Biblia, de las amistades, de las circunstancias o de un sereno "conocimiento" que se posa en nuestro corazón. Cuando Él responde, sabemos que sus palabras nos atraerán más a Él, porque todo lo que nos pide es un reflejo de su carácter. Cuanto más hacemos las cosas que Dios quiere, más semejantes a Él llegamos a ser.

Yo quiero que mis hijos sepan esto. Mis momentos favoritos del día son cuando oro con ellos en el auto mientras los llevo a la escuela y cuando me acuesto con ellos en la cama antes de ir a dormir. Cuando los llevo a la mañana, hablamos con Dios; a la noche, mientras estamos tranquilos y quietos en la cama, escuchamos. Estos son momentos espirituales dinámicos, porque la imagen que dejo en sus corazones cuando me arrodillo ante el Padre junto a ellos es lo que recordarán durante toda su vida.

Interrumpir nuestras obligaciones para orar es difícil en nuestra sociedad carente de tiempo, pero debemos hacerlo. Estar a solas y en quietud ante Dios en oración refuerza nuestra dependencia en Él.

Cuando nos alejamos de los demás y de nuestra típica rutina diaria, reconocemos más fácilmente nuestra total dependencia de Dios para nuestra misma existencia. Este reconocimiento puede provocar bastante ansiedad. Pero recuerda, es esta ansiedad, esta desesperanza y esta vulnerabilidad las que exponen nuestra necesidad e incrementan nuestra sed de Dios, y nos llevan a buscar refugio en su apacible santuario. Por el contrario, las personas que constantemente viven aceleradas están condenadas a vivir sin Dios.[4]

La oración tiene que ver con conocer a Dios, no simplemente conocer acerca de Él. Es un continuo descubrimiento de la relación que tenemos con nuestro Padre a través de Jesús, y es así como escuchamos las cosas hermosas que Él quiere hacer en nuestras vidas.

Plasmar la vida en palabras para comunicarse con el Altísimo no es para los apocados. Necesitamos confianza para acercarnos a Él y fe de que no nos va a defraudar. La oración es el vehículo por el cual fortalecemos nuestra relación con Él. Es el medio por el cual mantenemos nuestra relación estrecha. Mediante la oración, además, comenzamos a entendernos realmente a nosotras mismas y a aceptar el designio de Dios para nuestra vida. Una vida de oración activa da como resultado una relación íntima con Dios.

A continuación hay algunas maneras de profundizar tu intimidad con Él:

Ora sin cesar (1 Ts. 5:17). Dios desea las oraciones continuas de sus hijos. Mientras estás lavando los platos. Mientras manejas. Cuando llevas a dormir a tus hijos. Cuando estás sola.

Ora incluso cuando no te vaya muy bien en la vida (He. 4:16). El obstáculo más grande para una vida de oración activa es creer que todo en la vida tiene que estar bien o estable antes de poder orar. Nada podría estar más lejos de la verdad. Dios simplemente está esperando para tomarte en sus brazos, así como tomas en tus brazos a tus hijos.

Ora con fe (Stg. 5:15). Acércate a Dios con un espíritu de expectativa. Nada está mal con creer a Dios. Él responde la oración y "...es poderoso para hacer todas las cosas mucho más abundantemente de lo que pedimos o entendemos..." (Ef. 3:20).

Ora con acción de gracias en tu corazón (Fil. 4:4-6). Independientemente de tus circunstancias, siempre tienes algo por lo cual dar gracias. Cuando ofreces alabanza y acción de gracias a Dios, todo cambia, incluso tu ansiedad. Él conoce tus necesidades y promete suplir cada una de ellas de acuerdo a sus riquezas en gloria en Cristo Jesús.

La oración es tu vínculo con Dios. Ora frecuentemente. Ora creativamente. Ora genuinamente. Ora específicamente. Después, escucha. Dios habla, pero debemos estar suficientemente quietas para escucharlo.

Cuando las mujeres oran, todo el mundo puede cambiar.

Una oración a la vez.

Una vida a la vez.

Vive el
SUEÑO

Una vida de oración activa da como resultado una relación íntima con Dios.

Preguntas para
LA REFLEXIÓN

- ¿Cómo puedes hacer que tus oraciones se parezcan más a un diálogo (es decir, opuestas a un monólogo)?
- ¿Cuál es tu lugar favorito para orar? ¿Por qué?
- ¿En qué momento fue tu vida de oración más intensa? ¿Cómo puedes usar este conocimiento para dar nueva energía a tu vida de oración?

Día 3

Un corazón obediente

No es un tonto aquel que entrega lo que aquí no puede retener, para ganar eso que no podrá perder.

Jim Elliot

Tim tenía que predicar en la escuela dominical, y por primera vez estábamos saliendo a tiempo para llegar a la iglesia. Al mirar por la ventanilla mientras íbamos de camino a buscar a mi madre, vi lo que se parecía a un perro que corría por la calle.

—Cariño, mira ese perro —le dije.

—¡Ay, no! —respondió él—. ¡Me olvidé de entrar a Daisy!

Daisy es nuestra perra, una labrador color chocolate. Y una vez más llegamos tarde a la escuela dominical. Entrar a Daisy fue lo único que le había pedido a él que hiciera aquella mañana; por lo tanto, te puedes imaginar el momento especial que tuvimos juntos cuando me hizo bajar en la casa de mi madre y caminar en tacones para ir a buscar a aquella maravillosa, adorable y, a esas alturas, mugrosa mascota que quería saltar sobre mí. Yo le dije a Daisy que no era culpa de ella, sino de su papá. Y ella asintió.

Cuando pienso en aquel día, recuerdo pensar si Daisy estaría preocupada porque la habíamos dejado afuera o si estaba aceptando la libertad que acababa de descubrir. Indudablemente, el perro que vi corriendo por la calle parecía libre. Sin jaula. Sin un dueño que le diera la orden de sentarse, sacudirse, dar vuelta, sonreír o cualquiera de las cosas que les hacemos hacer a nuestras mascotas. Podía deambular por donde quisiera, hacer lo que le diera la gana y desplazarse por el jardín de quien le gustara.

O así parecía.

¿No vivimos en gran parte de la misma manera? Pensamos que si ignoramos los mandamientos de nuestro Dueño o huimos de estos, también podemos ser libres. Además, los mandamientos de Dios algunas veces pueden ser gravosos. No te enojes. Ten cuidado con tu lengua. No murmures. Vigila tus pasos. Evita incluso dar apariencia de pecado. No hagas esto, no hagas lo otro. Para muchas personas, ser cristiano no siempre parece muy emocionante y divertido. De hecho, está más del lado aburrido y rutinario de la vida.

A menudo vivimos como si estuviéramos haciendo una dieta para bajar de peso. Sabemos el límite de calorías que nos tocan, pero añadimos unas cuantas extra (¡y de chocolate, claro!) por habernos portado bien. Cuando las cosas salen bien, cometemos algunos "excesos" para agregarle un poco de sabor a la vida. Pero cuanto más excesos nos permitimos, y cedemos a la sensualidad… con una continua avidez por más (Ef. 4:19), menos sensibles somos a los mandamientos de Dios. Cedemos a nuestros deseos, nuestra voluntad. No a su voluntad.

Finalmente la perra que pensaba que era libre comenzó a sentir el vacío interior. Para alimentarse tenía que regresar a su dueño. Por otro lado, nosotras experimentamos un anhelo más profundo, el vacío de nuestra alma. Lo que alimenta la carne no puede saciar el alma.

¿Nos beneficiamos cuando rendimos nuestro propio control para correr por los caminos de los mandamientos de Dios? Sin duda el salmista pensaba así: "Y andaré en libertad, porque busqué tus mandamientos" (Sal. 119:45).

Desde luego que queremos vivir en libertad, pero ¿podemos sentirnos así cuando tenemos que cumplir los mandamientos? No sé tú, pero yo nunca *me siento* en libertad cuando me dicen lo que tengo que hacer.

Sin embargo, aquí es donde precisamente nos equivocamos. Como Erwin McManus escribe, "muchos de nosotros nos conformamos con sentir que tenemos el control, en vez de tomar decisiones que genuinamente nos den libertad".[5] Con mucha frecuencia, nos conformamos con lo que *nos resulta* más fácil, en vez de hacer lo que en realidad es correcto. Lo correcto y lo fácil casi nunca son lo mismo. El rey Saúl aprendió esto a fuerza de cometer errores. Dios le pidió que destruyera completamente a Amalec y que no dejara nada; pero Saúl dejó las ovejas y los bueyes, entre otras cosas. Cuando trató de encubrir su desobediencia y le dijo a Samuel que su intención era sacrificar los animales perfectos, Samuel le recordó que la obediencia es mejor que el sacrificio, un tema recurrente a lo largo de toda la Palabra de Dios (1 S. 15:22; Sal. 40:6-8; 51:16; Pr. 21:3; Mt. 12:7; Mr. 12:33; He. 10:8-9).

Saúl desobedeció al Señor con pleno conocimiento, porque dijo "…temí al pueblo y consentí a la voz de ellos…" (1 S. 15:24). Obedecer a Dios es tener temor solo de Él. Oswald Chambers escribe al respecto:

> Si obedecemos a Dios, les va a costar a otras personas más de lo que nos cuesta a nosotros, y ahí está el aguijón. *Si estamos enamorados de nuestro Señor, la obediencia no nos cuesta nada*, es un deleite; pero a los que no aman a Dios les cuesta muchísimo. Obedecer a Dios significa alterar los planes de otras personas, por eso se burlarán de nosotros y nos dirán: "¿Tú llamas a esto cristianismo?". Podemos prevenir el sufrimiento; pero si hemos de obedecer a Dios, no debemos prevenirlo, debemos permitir que se pague el precio.[6]

Hacer lo correcto podría hacer que otros se sintieran mal con tu decisión de obedecer. Pero no podemos preocuparnos por lo que piensan los demás sobre nuestras decisiones. Aunque "hay camino que al hombre le parece derecho… su fin es camino de muerte (Pr. 14:12; 16:25). Finalmente Saúl fue destronado, y la Biblia dice más adelante que "Jehová se arrepentía de haber puesto a Saúl por rey sobre Israel" (1 S. 15:35).

Esto me aterra. No quiero que Dios se arrepienta alguna vez de haberme puesto en la posición en la cual me llamó a servir. Pues, en realidad, "el que quiere amar la vida y ver días buenos…" debe obedecer a su Creador (1 P. 3:10).

Cuando lo hacemos, se incrementa la intimidad con Aquel que obedecemos. "Porque los ojos del Señor están sobre los justos, y sus oídos atentos a sus oraciones…" (1 P. 3:12). Dios escucha íntimamente a aquellos que lo escuchan y hacen lo que Él manda.

Para tener una relación íntima con alguien, debemos conocerlo bien. Dios ya conoce nuestros caminos (Sal. 139:3); ahora nos toca a nosotras conocer sus caminos. Cuando buscamos nuestros propios deseos, tenemos nublado el entendimiento, y no estamos en intimidad con Dios (Ef. 4:18). "Pero si Cristo está en vosotros, el cuerpo en verdad está muerto a causa del pecado, mas el espíritu vive a causa de la justicia" (Ro. 8:10). Tú le perteneces.

Si huyes de tu hogar, no importa cuán mugrienta puedas estar, tu Padre está en la puerta con los brazos abiertos esperando que regreses. Ahora presta atención y obedece a Dios.

Vive el
SUEÑO

La obediencia pone en libertad tu corazón.

Preguntas para
LA REFLEXIÓN

- En una escala del 1 al 10, ¿cuán sensible eres a los mandamientos de Dios en este momento de tu vida?
- ¿Te está llamando Dios a dar un paso de obediencia en este momento? Si es así, ¿por qué te estás resistiendo?
- Piensa en un momento cuando tuviste que tomar la difícil decisión de hacer lo correcto o lo fácil. ¿Qué decidiste? ¿Por qué? ¿Cómo llegaste a esa decisión?

Día 4

Encuentros divinos

Hay solo dos maneras de vivir la vida. Una es como si nada fuera un milagro. La otra es como si todo fuera un milagro.

ALBERT EINSTEIN

Antes que mi padre partiera de esta tierra, mientras su fortaleza física se iba debilitando y decayendo, mi madre lo acompañó al Centro Médico de la Universidad de Duke para que le hicieran algunos análisis. Era temprano por la mañana, e insólitamente el hospital estaba en calma. Cansados de recorrer el edificio, no podían encontrar el laboratorio clínico. Fuertemente medicado y bastante frustrado, mi padre comenzó a descomponerse y a perder la fuerza y energía necesarias para seguir recorriendo el enorme complejo médico en busca de su destino. Como sucede siempre en los hospitales, la cantidad de pasillos y ascensores hacían que su desplazamiento fuera confuso. Terminaron en un área desolada del hospital, sin encontrar a nadie que les pudiera indicar el camino.

Exhausto, mi padre se detuvo frente a la puerta del ascensor. Mi madre se paró junto a él. Justo en ese momento, apareció un hombre que los alentó al indicarle a mi madre cómo llegar al laboratorio. Debían tomar el ascensor que tenían delante. Aliviada, mi madre dio la vuelta para pulsar el botón y giró nuevamente para agradecerle al hombre su ayuda. Pero nadie estaba allí. El pasillo estaba desierto; y era demasiado largo para que aquel hombre hubiera llegado hasta el final en el tiempo que le llevó a mi madre pulsar el botón del ascensor. Más tarde, ellos describieron aquel hombre a una enfermera, quien les respondió que no había nadie que coincidiera con esa descripción. Ni siquiera parecido. Mis padres creyeron que era un ángel enviado por Dios.

Es probable que encuentros divinos como este nos sorprendan a muchas de nosotras, pero aquellas que conocen a Dios y entienden sus caminos tienen paz con lo que sucede en momentos así. A continuación hay dos versículos que nos recuerdan que a Dios le gusta obrar de maneras que ni siquiera podemos imaginar. Ora según estos versículos; son poderosos.

"No os olvidéis de la hospitalidad, porque por ella algunos, sin saberlo, hospedaron ángeles" (He. 13:2).

"¿No son todos espíritus ministradores, enviados para servicio a favor de los que serán herederos de la salvación?" (He. 1:14).

No tengo dudas de que el hombre del hospital era un "espíritu ministrador" para mis padres. Ellos se alentaron aquella mañana al recibir la ayuda que necesitaban justo en el momento que la necesitaron. Dios pareció bajar del cielo y asegurarles su amor durante la difícil situación que estaban atravesando juntos.

Aunque algunos podrían considerar que el encuentro de mis padres con este hombre misterioso es simplemente algo fuera de lo normal, la fe de mis padres les permitió darse cuenta de que se trataba de un encuentro divino.

Estoy convencida de que los encuentros divinos son casos frecuentes en este mundo; sin embargo, muchas veces no se los reconoce. Una relación íntima con Dios incrementa nuestra habilidad de ver estos encuentros por lo que son y aumenta nuestra consciencia de su importancia. La oración, la lectura de las Escrituras y la obediencia desarrollan nuestra capacidad de reconocer un encuentro con Dios, ya sea mediante una "coincidencia" u otra persona.

Aunque la historia de mis padres presenta un encuentro que provoca carne de gallina, también existen otros encuentros más triviales. Y aunque son más comunes, también nos impresionan. Muchas veces he sido bendecida al escuchar la letra de alguna canción que habla de mis temores y preocupaciones justo en el momento que más me amenazan, o abro mi Biblia "al azar" en un versículo que habla de un asunto por el cual he estado orando. A veces mis encuentros vienen por medio de la repetición, al escuchar y ver que varias personas en varios lugares hablan de un asunto que me preocupa. Nadie sabe las dificultades por las que estoy pasando, pero todos "por casualidad" ofrecen consejos oportunos.

Dios usa los encuentros divinos para aliviar nuestra travesía terrenal y darnos claridad donde, de otra manera, podría haber confusión. Él los ha diseñado para darnos seguridad de su presencia y de su interés por nuestra vida. Estos encuentros nos recuerdan la majestad y el poder de Dios, y nos dejan sin aliento cuando suceden. También nos ayudan a fomentar la relación que tanto anhelamos tener con Él.

Como parte de fomentar una relación íntima con Dios, pídele a Él que te ayude a reconocer los encuentros divinos en tu propia vida. Existen. Asombrosamente, cuanto más los notas, más parecen suceder.

Vive el SUEÑO

Aprende a reconocer los encuentros divinos en tu vida.

Preguntas para LA REFLEXIÓN

- Enumera los encuentros divinos que puedes distinguir en tu propia vida.
- ¿Qué mensaje(s) crees que Dios quería transmitirte mediante estos encuentros?
- ¿Qué puedes hacer para desarrollar tu capacidad de reconocer los encuentros divinos?

Día 5

Cuando llegamos al final de nosotras mismas

Si no estamos dispuestos a despertar por la mañana y morir para nosotros mismos, tal vez deberíamos preguntarnos si estamos siguiendo o no a Jesús.

Donald Miller

¿Has tenido prisa alguna vez por llegar a algún lugar, solo para encontrar una señal de desvío que te envía a otro destino? Yo sí, y me desespero.

Por definición, un desvío es "un camino indirecto, una desviación del curso directo que se seguía".

Personalmente prefiero no hacerle caso a los desvíos y en cambio tomar el camino directo. Pero como tú y yo sabemos, con la vida no es tan fácil. Está llena de desvíos. Infertilidad. Educación que hay que posponer. Enfermedad. Tener que cuidar de un ser amado anciano. Pérdida del empleo. Un sueño anhelado que hay que dejar a un lado por problemas familiares. Cuando estas cosas suceden, podríamos pensar que Dios ha cambiado nuestro itinerario, se ha olvidado de nosotras y nos ha dejado en algún tramo de camino abandonado, para que encontremos nuestro propio camino de regreso.

Sin embargo, al pensar en mi propia vida, veo la mano de Dios en todos y cada uno de los desvíos. Pero nunca encuentro mi camino hasta que llego al final de mí misma. Solo descubrimos los sueños de

Dios para nosotras cuando llegamos a aceptar que nuestra vida no nos pertenece.

Lysa TerKeurst pensaba que tenía su vida resuelta. Hasta que un día común y corriente, ella y sus hijas fueron a escuchar un coro a capela, de varones cuyos padres habían muerto o desaparecido durante la guerra civil que había causado estragos en su país liberiano. Incluso mientras el coro estaba de gira en los Estados Unidos, su orfanato fue atacado dos veces. Como resultado, los doce varones del coro se quedaron sin hogar; sin embargo, Dios le reveló uno de sus sueños a Lysa. Mientras escuchaba al coro cantar, Lysa...

> quedó anonadada ante un pensamiento repentino: dos de los varones estaban destinados a ser de ella. Literalmente se puso los dedos en los oídos para acallar lo que suponía era un mensaje divino que no quería escuchar. En la fiesta de recepción después del concierto, dos muchachos llamados Mark y Jackson separados de la multitud, la abrazaron y la llamaron mamá. Mark de catorce años tenía una cicatriz en su mejilla causada por un atizador caliente de un soldado insubordinado; Jackson de quince años tenía hepatitis B, probablemente causada por la contaminación de una herida en la pierna.[7]

A pesar de todo, Lysa decidió convertirse en la madre de aquellos muchachos, de modo que su familia creció y pasó de tener tres hijos a tener cinco.

¿Puedes imaginarte cuando Lysa se acercó a su esposo para hablarle de la "convicción" divina de adoptar a aquellos muchachos? Ella recuerda que lo llamó desde su teléfono celular y le dijo algo como: "Necesitamos leche. ¿Y qué piensas de adoptar dos muchachos adolescentes de Liberia?".

Una vez que la pareja se decidió por la adopción, organizaron una comida al aire libre en su jardín para presentar el coro a sus amigos. Mientras los varones cantaban, otros corazones también se conmovieron. Increíblemente los doce varones al final encontraron un nuevo hogar en los Estados Unidos, como muchos de sus hermanos que habían quedado en Liberia. Ahora quince familias con treinta y cinco niños liberianos están viviendo en Carolina del Norte, todo porque Lysa TerKeurst decidió obedecer a Dios.

Genia Rogers también adoptó a uno de los muchachos del coro. El cambio en su familia precipitó una mudanza a una nueva casa y su regreso al trabajo para hacer frente a la realidad financiera de sumar un tercer hijo a su prole. Pese a los cambios, ella comenta: "Todas las bendiciones de mi vida han venido después de pasar por encima de un precipicio, cuando podría haber dudado y no seguido adelante".[8]

Llegar a cierto destino sin ningún desvío es la manera fácil; pero aprendemos pocas lecciones (si acaso aprendemos alguna) cuando el camino está despejado. Descubrir el sueño de Dios para tu vida es muy parecido. Por lo general, nunca es un camino fácil, pero el crecimiento emocional y espiritual es incalculable.

Aunque los desvíos son a menudo molestos, cuando llegamos al final de nosotras mismas, a veces descubrimos que en realidad están llenos de deleites y sorpresas. Cuando recorremos senderos que de otra manera no hubiéramos tomado, muchas veces llegamos a ver con claridad los sueños de Dios para nuestra vida. Lysa, Genia e infinidad de otras mujeres que decidieron renunciar a sí mismas por el bien de los demás se han dado cuenta de que fueron bendecidas como resultado de los desvíos tomados.

Cuando la vida no sale como lo planeaste, el reto dañará tu relación con Dios o la profundizará. La diferencia se encuentra en tu respuesta al reto. ¿Serás capaz de vencer la irritación y la incertidumbre que sientes cuando te ves forzada a responder? ¿O te dejarás subyugar? No puedes resentirte por los cambios que llegan en la vida sin hacerte daño a ti misma; ese egoísmo finalmente te destruirá. En cambio, debes aceptar el misterio de lo que Dios tiene reservado para ti. Aunque no es un acto natural, debes cambiar tu pregunta, y en vez de preguntarte: *¿Por qué yo?*; pregúntate: *¿Qué puedo aprender?* y *¿Qué está haciendo Dios?*

Como Erwin McManus escribe: "Mientras nos esforzamos por llenarnos a nosotros mismos y permanecer vacíos, Jesús se vació a sí mismo y vivió una vida plena".[9]

Si quieres descubrir el sueño de Dios para tu vida, debes llegar al final de ti misma, pues "el que halla su vida, la perderá; y el que pierde su vida por causa de [Cristo], la hallará" (Mt. 10:39).

Cede ante los desvíos que Él ha planeado para ti. Estos te llevarán al final de ti misma y al verdadero comienzo de tu intimidad con Dios.

¿Cómo responderás?

Vive el
SUEÑO

Acepta que tu vida no te pertenece. Le pertenece a Él.

Preguntas para
LA REFLEXIÓN

- ¿Estás actualmente experimentando un desvío en tu vida? Si es así, ¿qué estás aprendiendo del mismo?
- Si observas bien, ¿puedes ver la mano de Dios en este desvío?
- Genia Rogers dijo: "Todas las bendiciones de mi vida han venido después de pasar por encima de un precipicio, cuando podría haber dudado y no seguido adelante". ¿Te encuentras ante un precipicio?

Semana 10

Secretos para hacer que cada día sea importante

Todo aquel que ama cree lo imposible.
ELIZABETH BARRETT BROWNING

"Solo un partido de béisbol. Pídele a Dios que pueda llegar a ver al pequeño Zach jugar tan solo un partido de béisbol". Esto es lo que me susurró al oído mi padre en el Memorial Hospital de Greenville, mientras sufría los dolores del cáncer que rápidamente le arrebataría la vida. Era todo lo que podía hacer para que mi propia vida no se derrumbara. Él nunca llegó a ver jugar a Zach. Pero en muchos aspectos lo ha visto, y ahora sé que lo ve desde una posición celestial ventajosa.

A principios de nuestro matrimonio, recuerdo que Tim predicó un sermón basado en Santiago 4:14, con respecto a que la vida "... ciertamente es neblina que se aparece por un poco de tiempo, y luego se desvanece". El mensaje había cobrado vida para él a los dieciséis años de edad, cuando su hermana menor sufrió una herida de traumatismo craneal en un accidente automovilístico. Dios atrajo su atención, y ahora está dedicado a vivir la vida al máximo y aprovechar cada minuto. A medida que pasan los años, más me doy cuenta de cuán breve es la vida. Más importante aún, estoy aprendiendo que la vida se vive mejor un día y una decisión a la vez.

Dado que nuestro tiempo en la tierra es limitado, nadie sabe cuántos días le quedan. Pero la cantidad de días es mucho menos importante que la manera de vivir cada uno de ellos.

Conozco a una mujer cuyo objetivo en la vida es amar al Señor su Dios con todo su corazón, con toda su mente y con toda su alma, y amar a su prójimo como a sí misma (Mt. 22:37-39). ¡Este es un gran objetivo en la vida y, sin duda, no muy fácil de alcanzar! Pero le recuerda que debe vivir la vida más allá de sí misma, ya sea que tenga ganas o no. Establecerse un objetivo en la vida es un buen punto de partida.

Elizabeth Barret Browning dijo que "todo aquel que ama cree lo imposible".

Cuando tú amas, eres decidida, audaz y valiente; todas ellas cualidades necesarias para hacer que cada día sea importante.

Día 1

Conocer a Dios y darlo a conocer

En gran manera me gozaré en Jehová, mi alma se alegrará en mi Dios; porque me vistió con vestiduras de salvación, me rodeó de manto de justicia, como a novio me atavió, y como a novia adornada con sus joyas.

Isaías 61:10

Recuerdo cuando Zach (que tenía alrededor de siete años en ese momento) entró a casa alborotado y gritando: "¡Lo salvé, lo salvé!" al referirse a su amiguito, a quien le había testificado acerca de Jesús. "Sí, señor —le dijo a su padre—. Le hablé de Jesús, y él oró para que Jesús entrara a su corazón. Lo salvé, y espero que ahora viva diferente". Yo sonreí.

¿Te has preguntado alguna vez por qué complicamos tanto la parte de "vivir diferente"? Tal vez sea porque cambiar es muy difícil. No la salvación; pues es por gracia... una dádiva de Dios. La parte del cambio es la parte difícil.

Cristina se acaba de convertir. Su entusiasmo por Cristo es contagioso, pero se lamenta en secreto por su pasado y por todas las decisiones equivocadas que tomó. En vez de despojarse de esta carga, la sigue cargando, en parte como un castigo y en parte como un recordatorio para no volver a cometer los mismos errores. Pero seguir llevando esa carga no tiene sentido y es perjudicial. Porque "...si alguno está en Cristo, nueva criatura es; las cosas viejas pasaron; he aquí todas son hechas nuevas" (2 Co. 5:17).

Aunque ahora Cristina está tomando decisiones basadas en su fe, le sigue costando creer que es una nueva criatura. Ella piensa: *¿Cómo puedo ser una nueva criatura cuando tengo un pasado tan sucio?* Esta pregunta atormenta a muchas personas. Una de las maneras en las que el maligno te hace dudar del poder redentor de Cristo es hacerte pensar que no es posible que Dios pueda perdonar y borrar todo lo que hiciste. Si amar es creer lo imposible, entonces amar a Cristo es creer que "...lo que es imposible para los hombres, es posible para Dios" (Lc. 18:27).

Para perdonarnos a nosotras mismas por los errores que hemos cometido, necesitamos la misma seguridad que Pablo tenía cuando dijo: "estando persuadido de esto, que el que comenzó en vosotros la buena obra, la perfeccionará hasta el día de Jesucristo" (Fil. 1:6).

La vida como cristiano es una progresión. No es que de repente tengamos la capacidad de hacer las cosas mejor, ser mejores personas o tomar mejores decisiones. Tampoco es que todo vaya a andar bien en la vida cristiana. De hecho, las cosas tienden a ser incluso más difíciles. Pero cuando invitamos a Cristo a nuestra vida y conocemos su naturaleza, comenzamos a cambiar en respuesta al conocimiento de que Él realmente participa del proceso de nuestra santificación (1 Ts. 5:23). Cuanto más conocemos acerca de Él y cuanto más experimentamos su presencia y su infalible amor por nosotras, más podemos movernos decidida y confiadamente en el mundo, al creer que con Dios todo es posible.

Aunque nuestra salvación está garantizada desde el momento en que aceptamos a Jesucristo como nuestro Señor y Salvador, la obra de transformación en nuestra vida es continua. Esto significa dos cosas: eres una nueva criatura *como también* una obra en progreso.

Cristina es una nueva criatura en Cristo y necesita despojarse del bagaje de su pasado que la está agobiando. Puede que tú necesites hacer lo mismo. Después es más probable que des el paso siguiente que Dios te está llamando a dar como una nueva criatura: "...que [te comportes] como es digno del evangelio de Cristo..." (Fil. 1:27).

Tomar la decisión de ser una seguidora de Cristo es una cosa, pero vivir de esta manera día a día es otra cosa completamente diferente. Aquí es donde todas tenemos dificultades.

En vez de centrarnos en lo que estamos haciendo bien en nuestra vida cristiana, nos enfocamos en nuestros defectos. En vez de centrarnos en lo que hemos logrado, nos enfocamos en lo que todavía hemos de hacer. En vez de animarnos, nuestro enfoque nos desanima. En vez de mirar hacia delante, miramos hacia atrás. Y como Cristina, a muchas personas no les gusta lo que ven.

La transformación requiere que pases menos tiempo viviendo en el pasado para enfocarte más en quién te estás convirtiendo. El maligno quiere que mires hacia atrás y te lamentes; Dios quiere que mires hacia delante, a su reino.

Recuerdo una historia que A. W. Tozer cuenta en un librito llamado *Total Commitment to Christ* [Compromiso total con Cristo]: "Una vez, un joven se presentó ante un anciano sabio... y le dijo: 'Padre, ¿qué significa ser crucificado?'

"El sabio respondió: 'Bueno, ser crucificado significa tres cosas. Primero, el hombre que es crucificado mira hacia una sola dirección'".

Tozer explica: "Si escucha algo detrás de él no puede darse vuelta para ver lo que está sucediendo. Él ha dejado de mirar hacia atrás... [y ahora mira] solo en una dirección... a Dios, a Cristo y al Espíritu Santo".

"El sabio siguió diciendo: 'Otra cosa acerca del hombre en una cruz, hijo, es que no vuelve atrás'".

Tozer vuelve a explayarse en la sabiduría de aquel personaje: "Busca un hombre [o una mujer] convertido que sabe que si se une a Jesucristo está muerto y que al comenzar a vivir una nueva vida, en lo que respecta al mundo, no vuelve atrás; y tendrás un verdadero cristiano".

"Para concluir el sabio anciano dijo: 'Una cosa más, hijo, acerca del hombre en la cruz: este ya no tiene planes propios'".[1]

Ser crucificado con Cristo significa que solo miras hacia una dirección. No puedes darte vuelta. Y dado que ya no vives tú, mas Cristo vive en ti, tus propios planes deben morir (Gá. 2:20). Este tipo de enfoque no da lugar a la lamentación.

Dios tiene un sueño para ti. Él envió a Jesús para que tengas vida, y para que la tengas en abundancia (Jn. 10:10).

¿Conoces a Jesucristo como tu Señor y Salvador personal? Si no, te animo a que hagas la siguiente oración para aceptar a Cristo en tu corazón. Es el primer paso para hacer que cada día sea importante.

Padre, sé que he pecado contra ti y me arrepiento. Ahora quiero dejar en el pasado mi vida de pecado para convertirme en una nueva criatura en ti. Por favor, perdona mis pecados y comienza tu obra en mí. Creo que tu Hijo, Jesucristo, murió por mis pecados, resucitó de la muerte, está vivo e, incluso en este momento, está escuchando mi oración. Invito a Jesús a ser el Señor de mi vida y a mandar y reinar en mi corazón. Te pido que envíes tu Espíritu Santo para que me ayude a obedecerte y hacer tu voluntad por el resto de mi vida. En el nombre de Jesús. Amén.

Ahora eres una nueva criatura, nacida de nuevo para conocer a Dios y darlo a conocer. Ama a Dios, ama a tu prójimo y haz que otros puedan conocerlo.

Vive el SUEÑO

Como una nueva criatura, has sido purificada. Ya no vives tú, mas Cristo vive en ti (Gá. 2:20).

Preguntas para LA REFLEXIÓN

- ¿Qué significa para ti ser una "nueva criatura", y de qué manera saber esto cambió la forma en que te ves a ti misma?
- ¿Cómo te sientes al saber que "el que comenzó en vosotros la buena obra, la perfeccionará hasta el día de Jesucristo"?
- Una amistad con Jesús garantiza paz, compañerismo, aceptación y perdón. ¿Estás aceptando activamente estas cosas en tu vida? Si no, ¿de qué manera puedes comenzar?

Día 2

¿Qué es lo más importante?

Dime a quién amas y te diré quién eres.

Arsène Houssaye

El otro día, después de llevar a mis hijos a la escuela, me quedé sentada en el automóvil mientras mi mente comenzaba a acelerarse al darme cuenta de que mi pequeña niña está creciendo demasiado rápido. Esto es difícil para una madre. El año que viene terminará la escuela secundaria y después se marchará a la universidad. Ella dice que no ve la hora de que llegue el momento de irse a vivir a la residencia estudiantil con su mejor amiga.

Recuerdo cuán emocionante fue cuando me marché a la universidad. ¡Yo tampoco veía la hora! Y quiero que ella pase por lo mismo; pero es que no puedo creer cuán rápido ha crecido. Ya conduce un automóvil y la llaman por teléfono los muchachos y...

Sonó el teléfono.

Era Tim que me estaba llamando justo cuando estaba pensando en todo esto. Al comenzar a hablar con él, se dio cuenta de que estaba un poco aturdida. Entonces hablamos y en ese mismo momento dimos gracias a Dios por todo lo que nos ha dado, en particular nuestros hijos. Y oramos para poder darles el fundamento que necesitan para desarrollar relaciones fuertes cuando comiencen a vivir por su cuenta.

Tu calidad de vida depende totalmente de tu capacidad de desarrollar relaciones positivas con los demás. El estilo de tus relaciones da a entender tu manera de desarrollar las relaciones. Tim escribe:

El estilo de una persona es un modelo mental... de suposiciones, conclusiones o creencias fundamentales básicas acerca de uno mismo y de los demás. El primer grupo de creencias fundamentales o reglas de la relación [trata de cómo te ves] *a ti mismo*. Se centra en dos preguntas cruciales:

1. ¿Soy digno de que me amen?
2. ¿Soy capaz de hacer lo que tengo que hacer para conseguir el amor que necesito?

El segundo grupo de creencias conforma la dimensión *de los demás*. Se centra en otras dos preguntas importantes:

1. ¿Son los demás fiables y dignos de confianza?
2. ¿Son los demás accesibles y dispuestos a responderme cuando los necesito?

Tu percepción *de ti mismo* así como *de los demás* puede ser positiva o negativa según tus respuestas a estas cuatro preguntas.[2]

Si respondiste que sí a las cuatro preguntas, es muy probable que te sientas segura y contenta con las relaciones cercanas, aunque existan conflictos. Si respondiste que no a una o más preguntas, allí es donde se empieza a filtrar el descontento. Cuando esto sucede, inmediatamente tratamos de aliviar el dolor.

El vacío busca la saciedad. El quebrantado anhela la plenitud. El agotado busca la renovación. En dolor, confusión, enojo y alejamiento, comenzamos a buscar *cualquier cosa* que alivie nuestro dolor; aunque sea solo por un momento. Estamos desesperados por saciar nuestra sed, aunque con cada trago nos acerquemos al final.[3]

Al buscar *cualquier cosa* que alivie nuestro dolor, muchas veces terminamos con un "desorden afectivo", lo cual ocurre cuando confiamos en que otras cosas, fuera de Dios, llenarán el vacío de nuestro corazón: la comida, el alcohol, una aventura amorosa, la pornografía,

¿Qué es lo más importante? 235

el uso y abuso de drogas, ir de compras, jugar por dinero, el ejercicio o incluso la obsesión por un pasatiempo. En vez de confiar en Dios y en las relaciones que Él ha colocado en nuestra vida, confiamos en que otras cosas llenarán el vacío y aclararán la confusión que sentimos. Admitir que hemos comenzado a llenar nuestro vacío interno con otras cosas, fuera de Dios, no es fácil. En vez de ser nuestra primera opción, a menudo Él es la última. Es en ese momento cuando nos metemos en líos.

El secreto de hacer que cada día sea importante es enfatizar lo que más importa. Esto es increíblemente difícil de hacer en un mundo que le atribuye valor a las riquezas, la belleza y la fama. La decisión de enfatizar nuestras relaciones —con Dios y con los demás— va en contra de lo que valora la sociedad. No podemos ir obstinadamente tras las riquezas y suponer que nuestras relaciones no sufrirán ningún daño. No podemos enfatizar en primer lugar la belleza sin transmitirles a los demás que lo externo es más importante que lo interno. Y no podemos buscar la fama sin renunciar a una valiosa parte de privacidad en nuestras relaciones.

Si en primer lugar aceptas que las relaciones con Dios y con los demás es lo más importante, el próximo paso fundamental es preguntarte qué estás haciendo para fomentar tus relaciones. A menudo, tenemos tantas complicaciones en la vida, que sin querer ponemos nuestra relación con los demás en piloto automático, con la esperanza de que las relaciones no sufran ningún daño hasta que la vida se calme. Dado que la vida raras veces se calma, podemos pasar semanas, meses e incluso años sin invertir tiempo en las personas que más amamos.

Sin embargo, lo que invertimos en los demás puede hacer libre la vida de ellos. Y la nuestra.

Piensa en el marido que llega a casa cansado y abatido después de un difícil día de trabajo. El fuego que enciende su aspecto competitivo en la oficina casi se ha extinguido. Entonces su esposa, que también ha trabajado todo el día, le dice: "Te entiendo, cariño. ¡Pero sigues siendo el hombre de la casa!". Ella lo abraza y le dice: "Te amo, pase lo que pase". No debe sorprender que al día siguiente este hombre se levantara temprano para ir a trabajar y estuviera en condiciones de arremeter contra el mismo infierno con una pistola de agua. Es un hombre amado, de modo que los obstáculos no tienen ninguna importancia. Es difícil derrotar a un hombre que sabe que ya ha ganado.[4]

"Porque donde esté vuestro tesoro, allí estará también vuestro corazón" (Mt. 6:21). ¿Dónde está tu corazón? ¿Está atrapado en el deseo humano de acumular tesoros de este mundo (en la forma de un empleo o un cargo laboral de categoría, altos ingresos, una casa costosa, un hermoso auto, premios y reconocimientos)? ¿O te interesas por las personas igual que Jesús cuando estuvo en la tierra?

¿Qué es lo más importante? Es una pregunta que cada una de nosotras debe responder. Y cuanto antes, mejor.

Vive el
SUEÑO

Anhela mantener una relación con Dios y con aquellos que consideras importantes.

Preguntas para
LA REFLEXIÓN

- ¿Dónde está tu tesoro?
- ¿De qué manera influye en ti el énfasis que la sociedad les da a las riquezas, la belleza y la fama?
- En tus relaciones actuales, ¿qué es lo que te está impidiendo profundizar o acercarte a cada persona: el mal carácter de los demás o el tuyo? Si es el tuyo (o en parte es el tuyo), ¿qué puedes hacer al respecto?

Día 3

La influencia que ejerces en los demás

Hay cinco Evangelios de Jesucristo: Mateo, Marcos, Lucas, Juan y tú, el cristiano. La mayoría de las personas nunca lee los cuatro primeros.

Gipsy Smith

Hoy día ejerces influencia para bien o para mal en tus hijos, tu esposo, tus amigas, etcétera.

Si pudiera hablar con las personas que tú amas, que trabajan contigo, que te admiran, ¿qué dirían? "Todo lo que hace es gritar. Todo el tiempo está enojada. Estresada. Preocupada. A ella no le importa lo que me pasa".

O dirían: "Me encanta estar con ella. Es una persona con la que se puede hablar. Desearía estar con ella en este momento…".

Detesto ser la receptora del mal carácter de otra persona. Es humillante y desalentador. Por eso, tanto si llueve, truena, hay mucho tráfico y llegamos tarde, o derraman cereales en el automóvil, cuido mucho la manera en que les respondo a mis hijos. Yo sé que mi conducta afecta a su manera de comportarse en la escuela durante el día. A veces tengo que calmarme y orar primero, y después volver a pedir las cosas. Pero es importante para mí que ellos perciban amor en mi voz, no ira y exasperación.

Si no has visto la película *¡Qué bello es vivir!*, vale la pena que la veas. George Bailey está a cargo de un modesto negocio, una compañía de préstamos en la ciudad de Bedford Falls. Cuando los problemas financieros acorralan la compañía, George piensa que sus seres amados estarían mejor sin él y decide quitarse la vida. Sin embargo, un bondadoso ángel llamado Clarence le muestra una vislumbre de lo que sería Bedford Falls sin él en el futuro, y se da cuenta, por primera vez, que su propia y humilde vida ha influenciado la vida de más personas de las que se imagina. Esta vislumbre lo alienta a decidirse por vivir; de modo que sigue ejerciendo su influencia positiva en la comunidad. Igual que George Bailey, nuestra influencia se extiende mucho más allá de lo que suponemos. Cuando ejercemos cierta influencia en los demás, ellos a su vez ejercen influencia en otros. La influencia positiva, igual que un virus benigno, es contagiosa. Las buenas obras originan más benevolencia. Los buenos consejos se transmiten de generación en generación. Una sonrisa alentadora pasa de una persona a la otra. Un abrazo reconfortante finalmente produce una cadena de abrazos.

No podemos medir adecuadamente nuestra influencia. Tal vez, Dios quiso que fuera así para mantenernos humildes. A menudo, cuando hemos ejercido alguna influencia en otras personas no nos enteramos hasta que pasan los años.

Abraham Lincoln reconocía que su madre, Nancy Hanks, que murió cuando él tenía apenas diez años, fue la principal responsable de todo lo que él era o de lo que esperaba ser alguna vez. Thomas Edison, cuyos profesores creían que él padecía de confusión y retraso mental, recibió la educación que su madre le proporcionó en el hogar. Posteriormente dijo: "Soy lo que soy por mi madre. Ella era muy genuina y estaba muy segura de mí; y yo sentía que tenía alguien por quien vivir, alguien a quien no podía decepcionar".[5]

No tienes que ser una madre biológica para ejercer influencia en la vida de otra persona. La mayoría dice haber tenido maestros que ejercieron una gran influencia en su vida. Otros dicen haber tenido mentoras o mujeres mayores. Y otros cuentan con hermanas, tías o abuelas.

Cualquiera que sea el vínculo, lo que más importa es que estés dispuesta a hacer que cada día sea importante al invertir en la vida de otro ser humano.

Toma un minuto para enumerar a aquellas personas a las que actualmente estás (o pudieras estar) influenciando. Después pregúntate si estás siendo intencional y deliberada acerca de esta influencia. Escudriña tu corazón para determinar qué estás dispuesta a invertir en aquellos que están en tu lista (tiempo, dinero, experiencia, contactos y otros recursos). Luego, haz un plan para que tu influencia en la vida de los demás sea más realista. Tu inversión en otros es lo único que perdurará después de ti.

Phil Vischer fue el visionario creador de los *Veggie Tales*, la serie de videos animados caracterizados por un pepino llamado Larry y un tomate llamado Bob, y fundador de la compañía responsable del dúo, *Big Idea*. Juntos, Bob y Larry influenciaron a una generación entera de niños al enseñarle las virtudes bíblicas por medio de varios personajes de vegetales. Aunque millones de niños pueden cantar la canción de los *Veggie Tales*, Vischer ya no es el dueño de *Big Idea*. Después de expandirse demasiado rápido, la compañía se vio forzada a declararse en bancarrota. Vischer escribe acerca de su experiencia en su tomo, *Me, Myself, and Bob* [Yo, yo mismo y Bob], que en parte es una biografía y, en parte, un curso para empresas.

Al final del libro, Vischer describe las lecciones que aprendió del surgimiento y la caída de *Big Idea*.

> El mundo no conoce a Dios cuando mira películas cristianas, sino cuando mira a los *cristianos*. Nosotros somos los representantes de Dios en la tierra; su "sacerdocio santo". Somos sus manos y sus pies. Lo que presento en mis películas no importa tanto si no lo proyecto en mi vida. Me di cuenta de que me había abocado tanto a tratar de "salvar el mundo" con mi ministerio visionario, que a menudo estaba demasiado estresado y preocupado para mirar a los ojos a la empleada que me atiende en el supermercado. Pero ¿dónde se manifiesta realmente el cristianismo? ¿Dónde se pone en práctica, por así decirlo? ¿En la pantalla gigante de un cine? ¿En la televisión? No. Sino en la fila para pagar en el supermercado, con la empleada que gana una fracción de lo que yo gano y que piensa que me importa un bledo su vida. Allí es donde es importante que se manifieste. Y es allí donde reconozco que cada día estuve fallando... En mi próxima visita al supermercado, me propuse sonreírle a la empleada de la caja registradora y preguntarle cómo le va. Y además decirlo en serio.[6]

Igual que Vischer, debemos saber dónde tenemos que poner en práctica el cristianismo y esforzarnos por lograrlo. Tú vienes a ser las manos y los pies de Cristo, y los demás son influenciados en su propia vida cristiana al observar cómo tú vives. Vivir de una manera que exalte a Jesús y honre a Dios es un llamado muy grande, pero es algo que debemos hacer cada día.

¿Qué mensaje le estás transmitiendo a la empleada del mostrador del supermercado? ¿A tus hijos? ¿A tus compañeras de trabajo?

La pregunta no es si estás ejerciendo influencia. Ese es un hecho. La pregunta es qué clase de influencia estás ejerciendo.

Vive el
SUEÑO

Haz que cada día sea importante al invertir en la vida de otro ser humano.

Preguntas para
LA REFLEXIÓN

- ¿Quién ha influenciado tu vida? ¿Qué estás haciendo para transmitirles esa influencia a los demás?
- ¿Qué puedes hacer hoy para ejercer una influencia positiva en otra persona?
- ¿Dónde pones en práctica el cristianismo en tu vida y cómo influye esto en las decisiones que tomas?

Día 4

Disfruta de ser madre

No solo los hijos crecen. Los padres también. Así como nosotros observamos lo que nuestros hijos hacen con su vida, ellos también observan lo que nosotros hacemos con la nuestra. No puedo decirles a mis hijos que se esfuercen por lograr lo imposible. Todo lo que puedo hacer es tratar de lograrlo por mí misma.

JOYCE MAYNARD

El poder es innegable, el vínculo es casi indestructible. Pocos podrían negar la influencia y la autoridad que contiene una pequeña palabra como *madre*. En cualquier idioma, su significado es objeto de reconocimiento, cariño y admiración.

Cuanto mayor me hago, más amo y valoro a mi madre. La madre de Tim, que murió hace más de diez años siendo aún demasiado joven, también ejerció una influencia piadosa y poderosa en nuestras vidas. Las mujeres que tienen una madre piadosa son bienaventuradas.

Buscar a los padres ausentes es importante, pero deberíamos agradecer especialmente a las madres de todo el mundo por estar al lado de sus hijos y por dar de sí por el bien de ellos. Ser madre es importante; no permitas que nadie te diga lo contrario. Nada en la vida puede competir con el cálido abrazo y la amorosa devoción de una madre. ¿Quién más podría limpiar esas narices mocosas y besar suavemente la frente de sus hijos antes de ir a dormir? Nada es más importante que la inversión que se hace en la vida de un hijo.

Yo la pasé muy bien cuando era niña, al ir de vacaciones, al visitar a mis abuelos en Dakota del Norte y mucho más. Pero cuando pienso en mi madre, no pienso en las cosas que hacíamos. Pienso en ella. Cuando pienso en los momentos maravillosos que pasamos con la madre de Tim para las fiestas y las reuniones familiares, no me centro en los festejos en sí, sino en ella. Esto nos muestra una verdad importante. Hablamos mucho acerca de forjar recuerdos, pero esto no es lo que realmente importa. Tú no forjas recuerdos. Tú eres el recuerdo. No se trata del viaje que hiciste a *Disney World* el año pasado con tus hijos. No se trata de aquella vez que los llevaste a la playa y se deslizaron por ese tobogán de agua de treinta metros, con un susto enorme mientras tratabas de mantener tu maquillaje intacto. Y ni siquiera se trata de cuando los llevas a la iglesia cada domingo. Todo esto es importante, y no quiero minimizarlo, pero lo que tus hijos realmente quieren y necesitan son fuertes dosis de *ti misma*. Dios dispuso que fuera así.

Efesios 5:15-16 nos hace una fuerte advertencia: "Mirad, pues, con diligencia cómo andéis, no como necios sino como sabios, *aprovechando bien el tiempo*, porque los días son malos" (cursivas añadidas). Pablo sabía que las distracciones de la vida diaria estorban nuestra relación con Dios. Lo mismo sucede con la relación con nuestros hijos.

¿Qué obstáculos te están robando tiempo para tus hijos? ¿El teléfono, la Internet, tus múltiples ocupaciones? Promete dejar a un lado esos obstáculos e invertir tiempo en desarrollar relaciones duraderas y positivas. Aprovecha el tiempo que Dios te ha dado; úsalo al máximo. Pon al Señor en primer lugar y a tu familia en segundo lugar, y el resto se acomodará solo. ¿Por qué? Nadie amará a tus hijos tanto como tú. Dios te los ha dado en préstamo para poder obrar a través de ti, a fin de hacer que ellos sean más semejantes a Él.

Al final, ¿qué es lo que realmente importa en la vida? ¿Son las fechas de entrega en el trabajo, o el partido de las ligas pequeñas y el recital de *ballet* al que prometiste asistir? ¿Es el viaje de negocios por el país, o estar junto a tu esposo cuando está atravesando dificultades?

Tim y yo hemos hecho muchos sacrificios relacionales en el pasado, pero ahora posponemos proyectos laborales y viajes de negocios mucho más seguido tan solo para pasar tiempo uno con otro y con nuestros hijos. Al mirar atrás, sinceramente puedo decir que esto nunca nos ha causado pérdida alguna. Por el contrario, hemos ganado muchos momentos maravillosos y gratificantes juntos. Estos momentos son los tesoros "perdurables" que podemos llevar con nosotras por el resto de nuestra vida. La Biblia dice que si uno no cuida de su familia, es peor que un incrédulo (1 Ti. 5:8). Esta es una palabra bastante fuerte. Las Escrituras declaran que los hijos son herencia del Señor, un regalo especial. Dios nos los ha entregado en préstamo sólo por una etapa. Como padres, la primera responsabilidad que Dios nos dio es ayudar a nuestros hijos a ser más semejantes a Él. Y podemos lograrlo cuando les damos a nuestros hijos un amor sano y consagrado.

De modo que esta noche cuando acuestes a tu hija en la cama u observes a ese jovencito frente a ti en la mesa de la cena, asegúrate de volver a mirarlos. Acaríciales su carita mientras duermen. Bésales la frente. Sostén fuertemente sus manos. Únete en oración: "Padre, llegará el día en el que mis hijos crecerán y se marcharán. Te pido que, por favor, me des la sabiduría y la fortaleza de amar a mis hijos como tú me amas. Gracias por amarme con amor eterno y perfecto. En el nombre de Jesús. Amén".[7]

Vive el
SUEÑO

Al final, lo más importante en tu vida son las relaciones y cómo inviertes en ellas.

Preguntas para
LA REFLEXIÓN

- ¿Cómo puedes aprovechar el tiempo?
- ¿Qué tradiciones, ocasiones o momentos especiales tienes actualmente con tus hijos y tu familia? ¿Qué puedes hacer para llegar a convertirte en un recuerdo en la vida de aquellos que te aman?
- ¿A quién recuerdas más? ¿Por qué recuerdas a esa persona? ¿Eres ese tipo de persona para la vida de alguien?

Día 5

Suficiente

Hemos nacido para manifestar la gloria de Dios que está en nosotros. No está solo en algunos de nosotros; está en todos. Y cuando dejamos brillar nuestra propia luz, inconscientemente permitimos que otras personas hagan lo mismo. Al ser libres de nuestros propios temores, nuestra presencia automáticamente libera a los demás.

NELSON MANDELA

¿De qué se trata realmente la vida?

Pienso en Jeremías 17:9, donde el profeta dice: "Engañoso es el corazón más que todas las cosas, y perverso; ¿quién lo conocerá?". Nosotras andamos por la vida como si todo girara a nuestro alrededor, y nos quejamos y preocupamos por muchas cosas que no tienen sentido. Tan solo piensa en algunas de las discusiones que has tenido con otras personas; dramas que realmente no llegaron a nada más que disculpas, si fuiste afortunada, y relaciones rotas, si no lo fuiste.

Como cristianas deberíamos vivir de manera diferente. Pero, por lo general, no es así.

Piensa en la investigación que llevó a cabo George Barna. Él descubrió que el índice de divorcio es más alto entre los cristianos que entre los no cristianos, y más no cristianos que cristianos hacen donaciones a los desamparados y a las organizaciones sin fines de lucro. Ambos grupos informaron estar igualmente satisfechos con su vida. Barna concluyó que "[los cristianos] piensan y actúan igual que cualquier otra persona".[8]

Esto realmente me entristece, porque como mujeres de Dios hemos sido llamadas a vivir vidas "santas"; que nos distingamos del resto del mundo. J. I. Parker, en su obra clásica, *El conocimiento del Dios Santo*, escribe: "Cuando vemos... contingencia e inmadurez en los cristianos, no podemos más que preguntarnos si han aprendido el hábito saludable de vivir en la seguridad permanente de los verdaderos hijos de Dios".[9]

¿Estás viviendo en la seguridad permanente de ser una verdadera hija de Dios?

Es difícil. Hemos mostrado cuántas cosas interfieren con esta seguridad y con la búsqueda de la santidad. Otras personas. Las fechas de entrega. Las expectativas. Las exigencias laborales. La necesidad de ganarse la vida. Y la vida se vuelve más difícil cuando tratamos de dividir nuestro tiempo y nuestra atención de manera ecuánime y equitativa entre todas estas cosas. Pero puedes lograrlo, y puedes distinguirte al entender este principio: *Dios es suficiente*.

Por favor, no pases por alto lo que acabas de leer. Estarás tentada a hacerlo, porque probablemente es algo que escuchaste una y otra vez de cristianos bienintencionados. Lamentablemente, la repetición puede hacernos inmune al mensaje.

Para llegar a ser una mujer extraordinaria, necesitas entender esto. Una vez que lo entiendes y lo aplicas a tu vida, de pronto, ves que pasas de lo ordinario a lo extraordinario, de lo rutinario a lo inimaginable, y de lo incierto a lo cierto. Ya no te conformas a este mundo, porque ahora vives diferente. Ya no gira todo a *tu* alrededor.

Cuando las cosas en tu vida se derrumban, Dios es suficiente. Cuando la enfermedad invade tu vida o la de un ser amado, Dios es suficiente. Cuando sientes que metiste la pata o que has perdido el rumbo, Dios es suficiente. Cuando la vida está fuera de control, Dios es suficiente.

Centrarte en la suficiencia de Dios es el paso más importante para poder alcanzar el sueño de Dios para tu vida. Pero recuerda esto: la travesía no tiene que ver con alcanzar ese sueño. *La travesía tiene que ver con conocer al Dios que inicialmente colocó ese sueño en ti*. Si te enfocas en el sueño y no en Dios, tu enfoque estará mal colocado, te perderás y tropezarás. Pero si te enfocas primero en Dios, Él te dará lo que necesitas para alcanzar ese sueño.

Creo que muchas veces somos como Elías en 1 Reyes 19: solo vemos a Dios en las cosas grandes de la vida. Debido a ello, no lo vemos en las pequeñas cosas. Brent Curtis y John Eldredge comentan: "Dios no anda 'por ahí, en algún lugar', esperando comunicarse con nosotros de manera sensacional mediante un terremoto, fuego o señales en el cielo. Por el contrario, Él desea hablar con nosotros en la quietud de nuestro propio corazón por medio de su Espíritu, que está en nosotros".[10]

¿Estás escuchando lo que el Espíritu de Dios te está diciendo? ¿Estás notando la manera en la que el Espíritu te está guiando y dotando de sabiduría? ¿O estás buscando "por ahí, en algún lugar"?

Esta es la verdad, amiga. Tendemos a complicar las cosas. Creemos que todo estará bien si solo podemos ser mejores, o hacer más por Dios u orar más. Seguimos recriminándonos y nos reprochamos por lo que hemos hecho, en vez de centrarnos en las únicas cosas que importan.

Pero la verdad es que todo lo que Dios pide es que creamos en Él, lo amemos y le obedezcamos. Eso es todo.

Cree en Él.
Ámalo.
Obedécelo.
Haz estas tres cosas y te distinguirás.

Cuando la creencia, el amor y la obediencia formen el fundamento de tu relación con Dios, te sentirás más inclinada a escuchar el suave susurro del Espíritu Santo y ya no vivirás como el mundo lo hace.

> A veces esperamos un terremoto y no escuchamos el susurro. Esperamos un golpe divino en la cabeza y no tenemos en cuenta la divinidad que hay en el contacto con la mano de nuestros hijos, mientras cruzamos la calle. Nuestra percepción, o mala interpretación, puede distorsionar su voz. Si quieres escuchar el susurro de Dios, comienza a prestar atención a quién es Él realmente y a quién eres tú en relación a Él.[11]

Nuestra tarea como mujeres que avanzan es seguir conociendo a Dios y entendernos a nosotras mismas en relación a Él. Cada experiencia que tenemos, cada reto que enfrentamos y cada asalto de confusión que soportamos nos enseñan más acerca del carácter de Dios y moldean el nuestro en relación a Él.

Sobre todo, aférrate a esta verdad: la vida es una travesía destinada a enseñarnos sobre nuestro Creador y a ayudarnos a estar más cerca de Él. Al estar más cerca de Dios, tu vida cristiana se vuelve más firme, tu confianza, más grande, y tu gratitud, más profunda. Tu vida cristiana con Él llegará a ser intrépida y alegre; una aventura ansiosamente esperada entre Dios y tú, su preciosa hija.

Debes saber que Él te ama y que es suficiente para ti. Dios siempre ha estado cambiando el mundo, una mujer a la vez.

Vive el SUEÑO

Dios es suficiente en cada etapa y cada circunstancia.

Preguntas para LA REFLEXIÓN

- ¿Qué significa para ti la frase: "Dios es suficiente"?
- Si estuvieras más enfocada en vivir tus sueños que en Dios, ¿cómo podrías reordenar tus prioridades para estar centrada primero en Él?
- ¿Cómo incide en ti la idea de una vida simple en la que tan solo debemos creer en Dios, amarlo y obedecerle?
- ¿Estás dispuesta a comenzar la travesía de llegar a ser una mujer extraordinaria?

Conclusión

Las mujeres extraordinarias vienen en todas formas y tamaños. Vienen de trasfondos y experiencias diferentes. Pero todas tienen una cosa en común. Permiten que Dios las use tal cual son y dónde están para ejercer influencia para su reino.

Cuando cerramos cada una de las conferencias de *Extraordinary Women*, me encanta hacer referencia a uno de mis pasajes favoritos de la Biblia. Es mi oración para tu vida y mi vida. Está en Judas 24-25: "Y a aquel que es poderoso para guardaros sin caída, y presentaros sin mancha delante de su gloria con gran alegría, al único y sabio Dios, nuestro Salvador, sea gloria y majestad, imperio y potencia, ahora y por todos los siglos. Amén".

Que Dios vaya delante de ti y llene tu corazón con su presencia. Al hacer todo lo que tienes que hacer cada día, recuerda que Él es el viento bajo tus alas. Y eres bella para Él.

Así que, comienza la travesía. Eres una mujer extraordinaria, ¡y Dios está esperando para usarte de una manera que ni siquiera has soñado!

Tu amiga en Cristo,
Julie

Notas

Semana 1: Secretos para vivir el sueño que Dios ha preparado para ti
1. Rick Warren, *The Purpose Drive Life* [*Una vida con propósito*], (Grand Rapids; Zondervan, 2002), pp. 243-244. Publicado en español por Editorial Vida.

Semana 2: Secretos para saber que realmente Dios te ama
1. John y Stasi Eldredge, *Captivating* [*Cautivante*], (Nashville: Thomas Nelson, 2005), p. 126. Publicado en español por Editorial Vida.
2. Tim Clinton, *Turn Your Life Around* [Dale un giro a tu vida], (Nueva York: Faith Words, 2006), p. 139.
3. Miriam Dickinson, *et ál.*, "Health-Related Quality of Life and Symptom Profiles of Female Survivors of Sexual Abuse" [Calidad de vida relacionada con la salud y descripción de los síntomas de las mujeres sobrevivientes de abuso sexual], *Archives of Family Medicine* [Archivos de la medicina familiar] (de enero a febrero de 1999), p. 35. Disponible en línea en http://www.archfami.ama-assn.org/cgi/content/abstract/8/1/35. Lori Heise, *et ál.*, "Ending Violence Against Women" [Terminar con la violencia contra la mujer], *Population Reports* [Informes de la población], Series L, N.º 11. *Johns Hopkins University School of Public Health, Population Information Program,* diciembre de 1999. Disponible en línea en http://www.infoforhealth.org/pr/111/111creds.shtm1#top.
4. Ernest Becker, *La negación de la muerte*, (Barcelona: Editorial Kairós, 2000), p. 404.
5. Sandra Guy, "Shopaholics, Take Heed" [Compradoras compulsivas, tengan cuidado], consulta en línea en http://www.harfordadvocate.com/gbase/News/content?oid=oid:136964, el 15 de diciembre de 2005.
6. Dallas Willard, *El espíritu de las disciplinas* (Miami, Florida: Editorial Vida, 2010).
7. Joyce Meyer, *A Confident Woman* [*Mujer segura de sí misma*], (Nueva York: Warner Faith, 2006), pp. 39-40. Publicado en español por Casa Creación.
8. "The Religious and Other Beliefs of Americans" [La creencia religiosa y otras creencias de los estadounidenses], HarrisInteractive. Disponible en línea en http://www.harrisinteractive.com/harris_poll/index.asp?PID=618.

9. Diane Langberg, "On Being Female" [Acerca de ser mujer], recurso en CD, *Extraordinary Women Association*, 2005.

Semana 3: Secretos para desarrollar relaciones significativas
1. Shankar Vedantam, "Social isolation Growing in U.S., study says" [El crecimiento del aislamiento social en los Estados Unidos, dicen los estudios], *The Washington Post*, 23 de junio de 2006, A03.
2. "Facts and Figures about our TV Habit" [Datos y cifras sobre nuestros hábitos televisivos], *Center for Screen-Time Awareness*. Disponible en línea en http://www.tcturnoff.org/images/facts&figs/factsheets/FactsFigs.pdf.
3. "Nearly Half of Our Lives Spent with TV, Radio, Internet, Newspapers" [Casi la mitad de nuestra vida con la televisión, la radio, la Internet, los periódicos], *United States Census Bureau News*, 15 de diciembre de 2006. Disponible en línea en http://www.census.gov/Press-Release/www/releases/archives/miscellaneous/007871.html.
4. "The changing organization of work and the safety and health of working people" [El cambio de la organización del trabajo y la seguridad y salud de los trabajadores], *Centers for Disease Control and Prevention and National Institute for Occupational Safety and Health*, 9 de mayo de 2002. Disponible en línea en http://www.cdc.gov/niosh/pdfs/02-116.pdf.
5. "Finding Time" [Hacerse tiempo], *Yankelovich Monitor* 2006/2007. Disponible en línea en http://www.yankelovich.com/time06/splash/time_splash.html.
6. Richard Swenson, *The Overload Syndrome* [El síndrome del exceso de trabajo], (Colorado Springs: NavPress, 1998), p. 125.
7. Everett Worthington, *Five Steps to Forgiveness* [Los cinco pasos del perdón], (Nueva York: Crown Publishing, 2001), p. 18.
8. *Ibíd.*, p. 39.
9. Susan Cheever, "Heroes and Icons: Bill Wilson" [Héroes e iconos: Bill Wilson], *The Time 100*, 14 de junio de 1999. Disponible en línea en http://www.time.com/time/time100/heroes/profile/wilson01.html.
10. "An Overview of Abortion in the United States" [Un panorama del aborto en los Estados Unidos], *Guttmacher Institute*. Disponible en línea en http://www.guttmacher.org/media/presskits/2005/06/28/abortionoverview.html.
11. Rachel K. Jones, *et ál.*, "Repeat Abortion in the United States" [Repetir el aborto en los Estados Unidos], *Guttmacher Institute*. Disponible en línea en http://www.guttmacher.org/pubs/2006//11/21/or29.pdf.

Semana 4: Secretos para manejar la testosterona
1. Karen Scott Collins, *et ál.*, "Health Concerns Across a Woman's Lifespan" [Problemas de salud de la mujer a lo largo de su vida], *The Commonwealth Fund*, mayo de 1999. Disponible en línea en http://www.cmwf.org/publications/publications_show.htm?doc_id=221554.

2. Bill y Pam Farrel, *Men Are Like Waffles, Women Are Like Spaghetti* [Los hombres son como waffles, las mujeres, como espaguetis], (Eugene, Oregon: Harvest House Publishers, 2001), pp. 11 y 13. Publicado en español por Editorial Mundo Hispano.
3. Willard F. Harley, *His Needs, Her Needs* [Lo que ella necesita, lo que él necesita], (Grand Rapids: Revell, 2001), p. 7. Publicado en español por Baker Publishing Group.
4. Shaunti Feldhahn, correo electrónico personal, 15 de febrero de 2007.
5. Shaunti Feldhahn, *For Women Only* [Solo para mujeres], (Sisters, Oregon: Multhomah Publishers, 2004), pp. 91-92. Publicado en español por Editorial Unilit.
6. Kevin Leman, *Sheet Music* [Música entre las sábanas], (Wheaton, Illinois: Tyndale House Publishers, Inc., 2003), pp. 46-53. Publicado en español por Editorial Unilit.
7. Gary y Barbara Rosberg, *The Five Sex Needs of Men and Women* [Las 5 necesidades sexuales de hombres y mujeres], (Carol Stream, Illinois: Tyndale House Publishers, Inc., 2006), p. 39. Publicado en español por Tyndale House Publisher.
8. Citado en Howard y Jeanne Hendricks, *Husbands and Wives* [Esposos y esposas], (Colorado Springs: Victor Books, 1988), p. 249.

Semana 5: Secretos para dominar tus emociones
1. Lawrence J. Peter.
2. Michelle McKinney Hammond, correo electrónico personal, 21 de febrero de 2007.
3. "The Top Ten Fears That Keep People from Getting What They Want in Life" [Los cinco temores principales que impiden que las personas obtengan lo que quieren en la vida]. Disponible en línea en http://www.bgsu.edu/organizations/asc/Fears.pdf.
4. "Top Ten Phobias List" [Lista de las diez fobias principales]. Disponible en línea en http://www.phobia-fear-release.com/top-ten-phobias.html.
5. Lista provista por cortesía del Dr. Joseph Eby, pastor de la Iglesia Presbiteriana Chatham, Chatham, Illinois.
6. "Let's Talk Facts About Depression" [Hablemos claro sobre la depresión], *American Psychiatric Association*. Disponible en línea en http://www.healthyminds.org/multimedia/depresion.pdf.
7. De Paul Taylor, "Are there biblical examples of depression and how to deal with it?" [¿Hay ejemplos bíblicos de depresión y cómo tratarla?], *Eden Communications*. Disponible en línea en http://www.cristiananswers.net/q-eden/depression-bible.html.
8. "My journey into the valley of panic attacks, anxiety and depression" [Mi travesía en el valle de los ataques de pánico, la ansiedad y la depresión].

Disponible en línea en http://www.outreachofhope.org/index/cfm/PageID/362.
9. *The American Heritage Dictionary of the English Language* [Diccionario American Heritage del idioma inglés], 4.ª edición, Houghton Mifflin Company, 2004.
10. Henry Blackaby, *Reflections on the Seven Realities of Experiencing God* [Reflexiones sobre las siete realidades de experimentar a Dios], (Nashville: Broadman & Holman, 2001), como se cita en Henry Blackaby, "Watch God Work!" [¡Mira cómo obra Dios!], *Today's Christian Woman* (de marzo a abril de 2002), p. 34.

Semana 6: Secretos para manejar el desequilibrio
1. Joanna Weaver, *Having a Mary Heart in a Martha World* [Cómo tener un corazón de María en un mundo de Marta], (Colorado Springs: WaterBrook Press, 2002), p. 102. Publicado en español por Editorial Peniel, 2004.
2. Citado en *Motherhood One Day at a Time* [Maternidad un día a la vez], (Bloomington, Illinois: Hearts at Home, 2006), 7 de enero.
3. Weaver, *Having a Mary Heart in a Martha World*, p. 9.
4. Stephen Covey, *The Seven Habits of Highly Effective People* [Los 7 hábitos de la gente altamente efectiva], (Nueva York: Simon & Schuster, 1989), p. 241. Publicado en español por Editorial Paidós.
5. Don Piper y Cecil Murphey, *90 Minutes in Heaven* [90 minutos en el cielo], (Grand Rapids: Revell, 2004), pp. 25-26. Publicado en español por Editorial Unilit.
6. "Stress in the Workplace" [El estrés en el lugar de trabajo], *The American Institute of Stress*. Disponible en línea en http://www.stress.org/Stress_in_the_workplace.html.
7. Citado en John Schwartz, "Always on the job, employees pay with health" [Siempre en el trabajo, los empleados pagan con la salud], *The New York Times*, 5 de septiembre de 2004.
8. John Schwartz, "Sick of work" [Hartos de trabajar], *The New York Times*, 5 de septiembre de 2004.
9. Porter Anderson, "Study: US. Employees put in most hours" [Estudio: empleados estadounidenses dedican más horas], CNN.com, 31 de agosto de 2001. Disponible en línea en http://www. archives.cnn.com/2001/CAREER/trends/08/30/ilo.study.

Semana 7: Secretos para superar los tiempos difíciles
1. A. W. Tozer, *Gems from Tozer* [Joyas de Tozer], (Camp Hill, Pennsylvania: Christian Publications, 1979), p. 85.
2. Henri Nouwen, *Turn My Mourning into Dancing* [Has cambiado mi lamento en danza], (Nashville: Word Publishing, 2002), p. 10. Publicado en español por Grupo Nelson.

3. *Ibíd.*
4. Lois Evans, "A Message of Hope" [Un mensaje de esperanza], DVD, *Extraordinary Women Association*, 2006.
5. Carol Kent, comunicación personal, 16 de febrero de 2007.
6. Keri Wyatt Kent, comunicación personal.
7. Nouwen, *Turn My Mourning into Dancing*, p. 60.
8. Joni Eareckson Tada, comunicación personal, 18 de enero de 2007.
9. Nouwen, *Turn My Mourning into Dancing*, p. 36.
10. J. I. Packer, *Knowing God* [El conocimiento del Dios Santo], (Downers Grove, Illinois: InterVarsity Press, 1993), p. 227. Publicado en español por Editorial Vida.

Semana 8: Secretos para encontrar la libertad
1. Bill y Kathy Peel, *Discover Your Destiny* [Descubra su destino], (Colorado Springs: NavPress, 1997), p. 202. Publicado en español por Grupo Nelson.
2. Liz Curtis Higgs, *Mad Mary* [María furiosa], (Colorado Springs: WaterBrook Press, 2001), pp. 235-236.
3. Richard Swenson, *Margin* [Margen], (Colorado Springs: NavPress, 2004), pp. 116-117.
4. Karon Phillips Goodman, *You're Late Again, Lord* [¡Señor, estás tarde otra vez!], (Uhrichsville, Ohio: Barbour Publishing, 2002), p. 90. Publicado en español por Barbour Publishing.
5. Tim Clinton, *Turn Your Life Around* [Dale un giro a tu vida], (Nashville: Faith Words, 2006), p. 168.
6. Goodman, *You're Late Again, Lord*, p. 79.
7. Cindy Crosby, "The Edge of Expectation" [El lado de la expectativa], *Today's Christian Woman* (de enero a febrero de 2004), pp. 40-42.
8. Julie Barnhill, *Radical Forgiveness* [Perdón radical], (Wheaton, Illinois: Tyndale House Publishers, Inc., 2004), p. 37.
9. Liberty Savard, *Shattering Your Strongholds* [Derribe sus murallas], (Orlando: Bridge-Logos Publishers, 1992), p. 35. Publicado en español por Bridge-Logos Publishing.
10. Clinton, *Turn Your Life Around*, p. 164.
11. Angela Thomas Guffey, *Tender Mercy for a Mother's Soul* [Tierna misericordia para el alma de una madre], (Wheaton, Illinois: Tyndale House Publishers, 2001), p. 35.
12. Doris R. Leckey, *7 Essentials for the Spiritual Journey* [Los siete elementos esenciales de una travesía espiritual], (Nueva York: The Crossroad Publishing Company, 1999), p. 115.
13. *Ibíd.*, p. 111.
14. Liz Curtis Higgs, *Really Bad Girls of the Bible* [Más mujeres malas de la Biblia], (Colorado Springs: WaterBrook, 2000), p. 243. Publicado en español por Editorial Unilit.

254 Sé una mujer extraordinaria

Semana 9: Secretos para fomentar una relación íntima con Dios
1. Donald Miller, *Blue Like Jazz* [Tal como el jazz], (Nashville: Thomas Nelson, 2003), p. 237. Publicado en español por Grupo Nelson.
2. Keri Wyatt Kent, *Oxygen* [Oxígeno], (Grand Rapids: Revell, 2007), pp. 20-21.
3. Walter Wangerin, *Whole Prayer* [Oración integral], (Grand Rapids: Zondervan, 1998), p. 29.
4. Tim Clinton y Gary Sibcy, *Why You Do the Things You Do* [Por qué haces las cosas que haces], (Nashville: Integrity Publishers, 2006), p. 129.
5. Erwin McManus, *Uprising* [Despertar], (Nashville: Thomas Nelson, 2003), p. 32. Publicado en español por Editorial Unilit.
6. Oswald Chambers, *My Utmost for His Highest* [En pos de lo supremo], (Uhrichsville, Ohio: Barbour Publishing, 2006), 11 de enero. Publicado en español por CLIE.
7. Aimee Lee Ball, "The Hallelujah Chorus" [El coro del Aleluya], *Oprah*, diciembre de 2006, pp. 310-312, 353-354.
8. *Ibíd.*, p. 354.
9. McManus, *Uprising*, p. 34.

Semana 10: Secretos para hacer que cada día sea importante
1. A. W. Tozer, *Gems from Tozer* [Piedras preciosas de Tozer], (Camp Hill, Pennsylvania: Christian Publications, 1979), pp. 43-44.
2. Tim Clinton y Gary Sibcy, *Why You Do the Things You Do* [Por qué haces las cosas que haces], (Nashville: Integrity Publishers, 2006), p. 23.
3. Tim Clinton, *Turn Your Life Around* [Dale un giro a tu vida], (Nueva York: Faith Words, 2006), p. 103.
4. *Ibíd.*, p. 176.
5. Tim Clinton, *National Liberty Journal*, mayo de 1977, vol. 26, N.º 5.
6. Phil Vischer, *Me, Myself, and Bob* [Yo, yo mismo y Bob], (Nashville: Nelson Books, 2006), pp. 243-244.
7. Tim Clinton y Gary Sibcy, *Loving Your Child Too Much* [Amar demasiado a tu hijo], (Nashville: Integrity Publishers, 2006), p. 239.
8. George Barna, *The Second Coming of the Church* [La segunda venida de la Iglesia], (Nashville: Word Publishing, 1998), p. 7.
9. J. I. Packer, *Knowing God* [El conocimiento del Dios Santo], (Downers Grove, Illinois: InterVarsity Press, 1973), p. 209. Publicado en español por Editorial Vida.
10. Brent Curtis y John Eldredge, *The Sacred Romance* [El sagrado romance], (Nashville: Thomas Nelson Publishers, 1997), p. 162. Publicado en español por Editorial Caribe-Betania.
11. Keri Wyatt Kent, *God's Whisper in a Mother's Chaos* [El susurro de Dios en el caos de una madre], (Downers Grove, Illinois: InterVarsity Press, 2000), p. 25. Publicado en español por Editorial Vida.

Explica el secreto de la felicidad conyugal, el diseño de Dios para que una esposa ame a su esposo, aunque tenga defectos. Este libro proporciona valiosas ideas en importantes aspectos del matrimonio. Entre otras explica qué significa ser la ayuda idónea del esposo y qué es y qué no es la sumisión.

ISBN: 978-0-8254-1264-6 / rústica

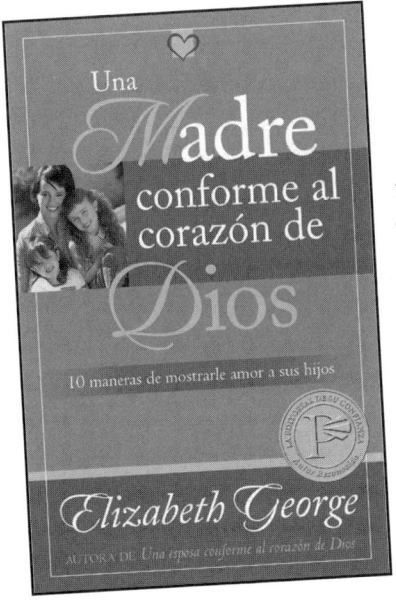

Un estupendo libro que presenta ideas para que las madres cristianas puedan nutrir a sus hijos de cualquier edad en el Señor.

ISBN: 978-0-8254-1267-7 / rústica

Disponibles en su librería cristiana favorita o en www.portavoz.com

La editorial de su confianza

PRÓLOGO POR ELISABETH ELLIOT

MENTIRAS QUE LAS MUJERES CREEN
y la VERDAD QUE LAS HACE LIBRES

Nancy Leigh DeMoss

Las mujeres tienen un arma poderosa para vencer las decepciones que Satanás impone en sus vidas: la verdad absoluta de la Palabra de Dios.

Todas las mujeres sufren frustraciones, fracasos, ira, envidia y amargura. Nancy Leigh DeMoss arroja luz en el oscuro tema de la liberación de la mujer de las mentiras de Satanás para que puedan andar en una vida llena de la gracia de Dios.

ISBN: 978-0-8254-1160-1

Disponible en su librería cristiana favorita o en www.portavoz.com

La editorial de su confianza